Stegreifaufgabe 1

Inhalte: Lineare Funktionen

Zeitbedarf: 20 Minuten

1. Gegeben sind die Gerade g_1 mit der Gleichung $6x+2y-5=0$ sowie die Gerade g_2 mit der Gleichung $y=0{,}25x-3{,}5$ ($x \in \mathbb{Q}$; $y \in \mathbb{Q}$).

   a) Forme zunächst die Gleichung für g_1 in Normalform um und zeichne sodann beide Geraden in ein Koordinatensystem. ___ von 3

   Für die Zeichnung: Längeneinheit 1 cm; $-2 \leq x \leq 8$; $-4 \leq y \leq 4$

   b) Überprüfe rechnerisch, ob der Punkt $P(11\,|-0{,}5)$ auf der Geraden g_2 liegt. ___ von 2

   c) Gib an, welche der drei Geraden r, s oder t parallel zur Geraden g_2 ist, und begründe deine Entscheidung. ___ von 2

   r: $y = 4x + 0{,}25$ s: $y = -0{,}25x + 7$ t: $y = \frac{1}{4}x - 7{,}5$

2. Die Gerade h hat den y-Achsenabschnitt $t = 0{,}8$ und verläuft durch den Punkt $Q(9|5{,}3)$. ___ von 2
Bestimme die Gleichung für h ($x \in \mathbb{Q}$; $y \in \mathbb{Q}$).

3. Gegeben ist die Gerade AB mit $A(-1|2)$ und $B(3|3)$. ___ von 3
Bestimme die Gleichung der Geraden AB in Normalform ($x \in \mathbb{Q}$; $y \in \mathbb{Q}$).

Notenschlüssel

1	2	3	4	5	6
12–10,5	10–8,5	8–6,5	6–4,5	4–2,5	2–0

So lange habe ich gebraucht: ____________

So viele Punkte habe ich erreicht: ____________

Stegreifaufgabe 2

Inhalte: Zentrische Streckung

Zeitbedarf: 20 Minuten

1. Das Dreieck ABC wird durch zentrische Streckung mit dem Streckungszentrum Z(1 | 2) und dem Streckungsfaktor $k = -\frac{1}{2}$ auf das Dreieck A'B'C' abgebildet.

   Es gilt: A(7 | –1); B(8 | 3); C(5 | 4)

   a) Zeichne das Dreieck ABC sowie das Dreieck A'B'C' in ein Koordinatensystem. ___ von 3

   Für die Zeichnung: Längeneinheit 1 cm; $-3 \leq x \leq 9$; $-2 \leq y \leq 5$

   b) Berechne den Flächeninhalt des Dreiecks ABC. ___ von 3

c) Berechne den Flächeninhalt des Dreiecks A'B'C'. ___ von 2

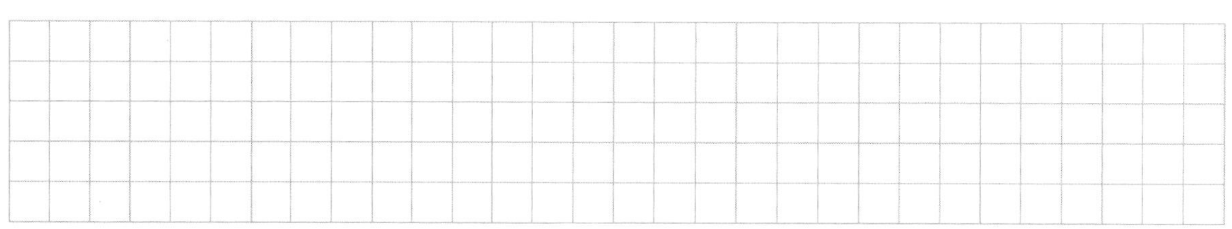

2. Gegeben sind die Strecken $\overline{PQ}$ und $\overline{RS}$ mit P(2,5 | 2), Q(2,5 | 3,5), R(7,5 | –0,5) und S(7,5 | 5,5). Es gibt eine zentrische Streckung, bei der P auf R und Q auf S abgebildet wird.

a) Zeichne die Strecken $\overline{PQ}$ und $\overline{RS}$ in ein Koordinatensystem und ermittle zeichnerisch das Streckungszentrum Z. ___ von 2

Für die Zeichnung: Längeneinheit 1 cm; $-1 \leq x \leq 8$; $-1 \leq y \leq 6$

b) Berechne für diese zentrische Streckung den Streckungsfaktor k. ___ von 3

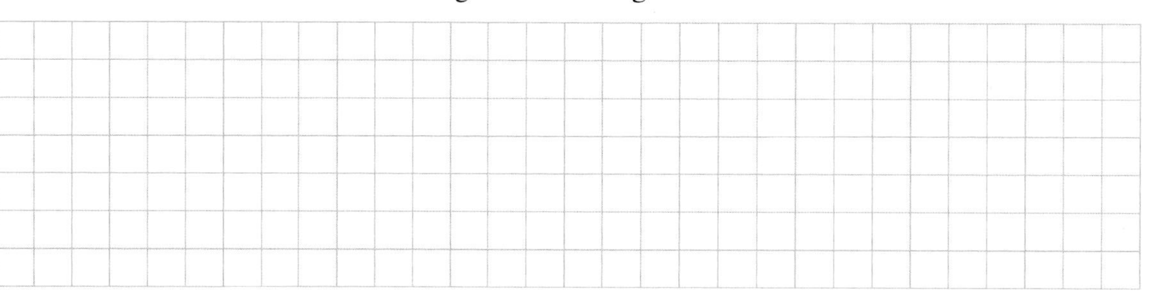

c) Es gibt eine weitere zentrische Streckung, bei der P auf S und Q auf R abgebildet wird. Zeichne das zugehörige Streckungszentrum Z* ein und gib den Streckungsfaktor k* an. ___ von 2

____

Notenschlüssel

1	2	3	4	5	6
15–13	12,5–10,5	10–8	7,5–5,5	5–3	2,5–0

So lange habe ich gebraucht: ____________

So viele Punkte habe ich erreicht: ____________

Stegreifaufgabe 3

Inhalte: Systeme linearer Gleichungen

Zeitbedarf: 20 Minuten

1. Löse das folgende Gleichungssystem grafisch ($x \in \mathbb{Q}$; $y \in \mathbb{Q}$). ___ von 3

$$\begin{array}{l} \quad y = -\frac{1}{2}x + 1 \\ \wedge \; y = 2{,}5x - 2 \end{array}$$

Für die Zeichnung: Längeneinheit 1 cm; $-1 \le x \le 5$; $-3 \le y \le 2$

2. Bestimme die Lösungsmenge mithilfe des Gleichsetzungsverfahrens ($x \in \mathbb{Q}$; $y \in \mathbb{Q}$). ___ von 4

$$\begin{array}{l} \quad 2{,}8y - 8 = 1{,}2x \\ \wedge \; 2{,}4x - 0{,}6y = 4 \end{array}$$

3. Löse mithilfe eines linearen Gleichungssystems. ___ von
Ein Rechteck mit den Seitenlängen x cm und y cm ($x, y \in \mathbb{Q}^+$) hat den Umfang 48 cm.
Verlängert man die eine Seite um 4 cm und verkürzt gleichzeitig die andere Seite um 3 cm, so nimmt der Flächeninhalt um 14 cm^2 ab.
Berechne die Seitenlängen des ursprünglichen Rechtecks.

Notenschlüssel

1	2	3	4	5	6
14–12,5	12–10,5	10–8,5	8–6,5	6–3,5	3–0

So lange habe ich gebraucht: ______________

So viele Punkte habe ich erreicht: ______________

Schulaufgabe 1

Inhalte: Lineare Funktionen, funktionale Abhängigkeiten

Zeitbedarf: 45 Minuten

1. Gib die Gleichungen der im Koordinatensystem dargestellten Geraden an ($x \in \mathbb{Q}$; $y \in \mathbb{Q}$). ___ von 2

g: ____________________

h: ____________________

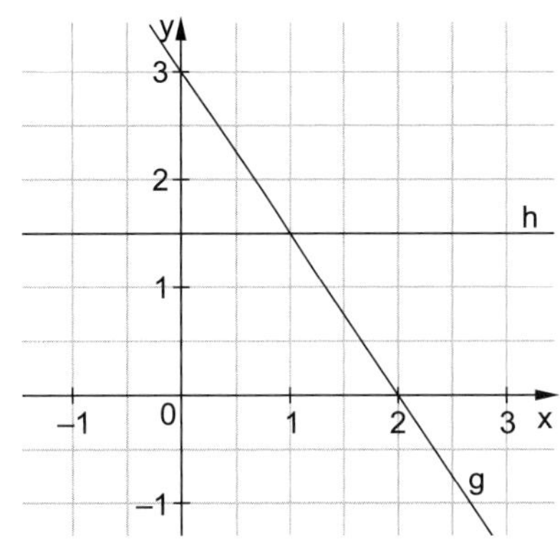

2. Gegeben ist die Parallelenschar g(t) mit der Gleichung $y = \frac{1}{4}x + t$ ($x \in \mathbb{Q}$; $y \in \mathbb{Q}$; $t \in \mathbb{Q}$).

a) Zeichne die Geraden der Parallelenschar für $t \in \{-1; 2{,}5\}$ in ein Koordinatensystem. ___ von 2

Für die Zeichnung: Längeneinheit 1 cm; $-2 \leq x \leq 8$; $-2 \leq y \leq 5$

b) Bestimme rechnerisch die Gleichung der Schargeraden, die durch P(4,8 | 0,8) verläuft. ___ von 2

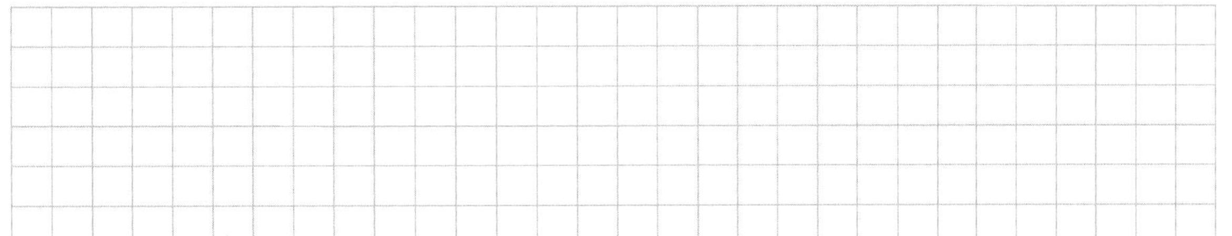

c) Gib die Gleichung einer beliebigen Geraden an, die senkrecht zu den Parallelen ist. ___ von 1

____

3. Gegeben sind die Dreiecke ABC_n mit $A(-0{,}5\,|\,2)$ und $B(5{,}5\,|\,-1)$.
Die Punkte $C_n\left(x \,\middle|\, -\frac{1}{4}x+6\right)$ liegen auf der Geraden h mit der Gleichung $y=-\frac{1}{4}x+6$ ($x\in\mathbb{Q}$; $y\in\mathbb{Q}$).

a) Zeichne die Gerade h, außerdem Dreieck ABC_1 für $x=2$ sowie Dreieck ABC_2 für $x=7$ in ein Koordinatensystem. ___ von 3

Für die Zeichnung: Längeneinheit 1 cm; $-2\leq x\leq 8$; $-1\leq y\leq 7$

b) Stelle den Flächeninhalt A(x) der Dreiecke ABC_n in Abhängigkeit von der Abszisse x der Punkte C_n dar. ___ von 4

Ergebnis: $A(x)=(0{,}75x+12{,}75)$ FE

c) Das Dreieck ABC_3 hat den Flächeninhalt 15,75 FE. Berechne die Koordinaten von C_3.

___ von 3

d) Zeichne die Mittelsenkrechte zur Strecke $\overline{AB}$ in das Koordinatensystem zu Teilaufgabe a ein.

___ von 1

e) Bestimme rechnerisch die Gleichung der Mittelsenkrechten zur Strecke $\overline{AB}$.

___ von 5

Notenschlüssel

1	2	3	4	5	6
23–20	19,5–16,5	16–13	12,5–9,5	9–5	4,5–0

So lange habe ich gebraucht: ____________

So viele Punkte habe ich erreicht: ____________

Schulaufgabe 2

Inhalte: Lineare Funktionen, zentrische Streckung, Strahlensätze

Zeitbedarf: 50 Minuten

1. Gib die Gleichung der Parallelen p zur x-Achse an, die durch den Punkt $P(13{,}9 \mid 25{,}6)$ verläuft ($x \in \mathbb{Q}$; $y \in \mathbb{Q}$). ___ von 1

2. Gegeben ist die Gerade g mit der Gleichung $y = -\frac{2}{5} \cdot (x+3) + 3{,}7$ ($x \in \mathbb{Q}$; $y \in \mathbb{Q}$).

   a) Zeichne diese Gerade in ein Koordinatensystem. ___ von 2

   Für die Zeichnung: Längeneinheit 1 cm; $-2 \le x \le 8$; $-3 \le y \le 3$

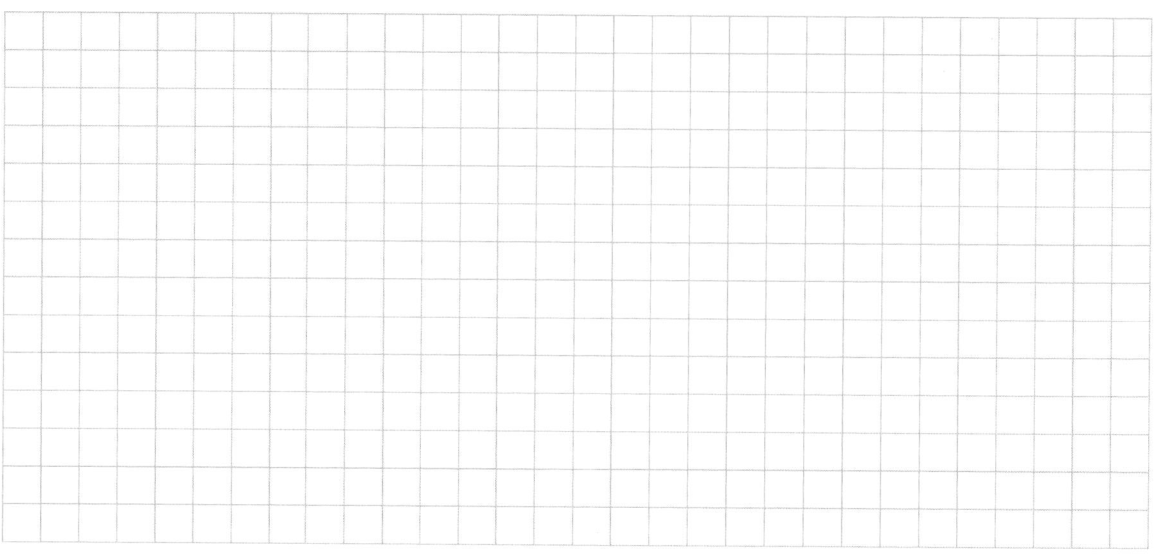

   b) Die Gerade g wird durch Achsenspiegelung an der x-Achse auf die Gerade g' abgebildet. Zeichne die Gerade g' in das Koordinatensystem zu Teilaufgabe a ein und gib ihre Gleichung an. ___ von 2

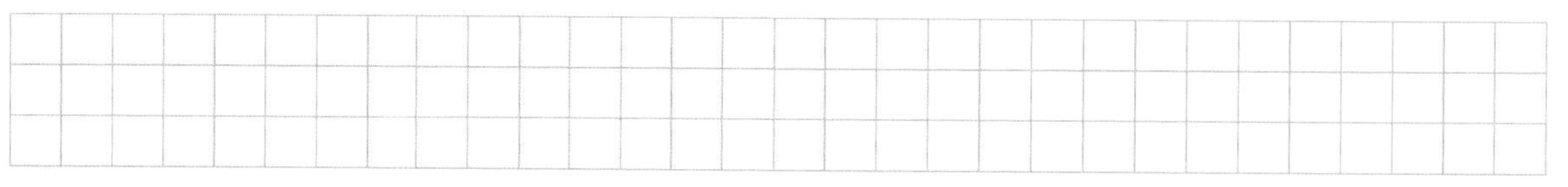

   c) Überprüfe, ob die Gerade s mit der Gleichung $10x + 4y - 10{,}4 = 0$ senkrecht zur Geraden g ist. ___ von 4

Lösungen

Stegreifaufgabe 1

1. a) 6 Minuten,

g_1: $6x + 2y - 5 = 0 \quad | -6x + 5$

$2y = -6x + 5 \quad |:2$

$y = -3x + 2{,}5$

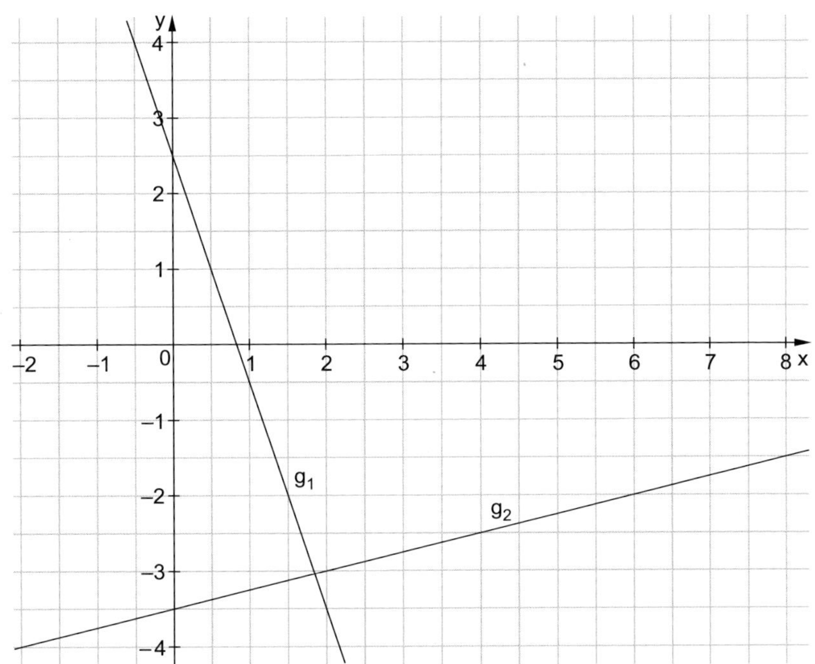

b) 3 Minuten,

$-0{,}5 = 0{,}25 \cdot 11 - 3{,}5$

$-0{,}5 = -0{,}75 \quad$ (falsch)

$\Rightarrow \quad P \notin g_2$

c) 3 Minuten,

Die Gerade t ist parallel zu g_2, da sie den gleichen Steigungsfaktor wie g_2 hat.

$\left(\frac{1}{4} = 0{,}25\right)$

2 2. 4 Minuten,

$$h:\ y = m \cdot x + 0{,}8$$

$$5{,}3 = m \cdot 9 + 0{,}8 \quad |-0{,}8$$

$$4{,}5 = m \cdot 9 \quad |:9$$

$$m = 0{,}5$$

$$h:\ y = 0{,}5x + 0{,}8$$

3. 4 Minuten,

$$\overrightarrow{AB} = \begin{pmatrix} 3-(-1) \\ 3-\ \ 2 \end{pmatrix} = \begin{pmatrix} 4 \\ 1 \end{pmatrix} \quad \Rightarrow \quad m = \frac{1}{4}$$

$$AB:\quad y = \frac{1}{4}x + t$$

$$3 = \frac{1}{4} \cdot 3 + t$$

$$3 = 0{,}75 + t \quad |-0{,}75$$

$$2{,}25 = t$$

$$AB:\ y = \frac{1}{4}x + 2{,}25$$

Stegreifaufgabe 2

1. a) 5 Minuten,

Maßstab 1 : 2

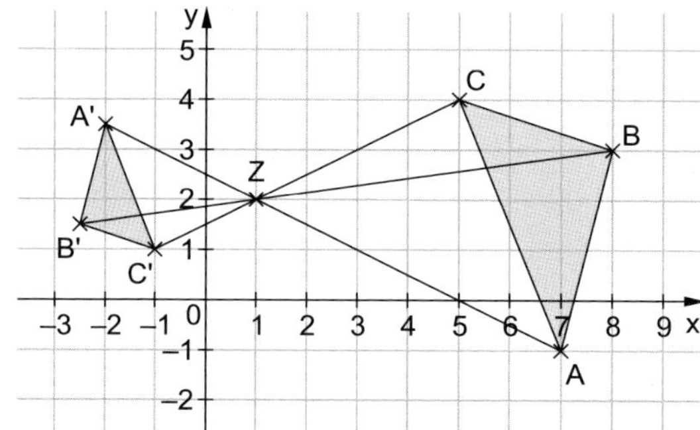

b) 4 Minuten,

$$\overrightarrow{AB} = \begin{pmatrix} 8 - 7 \\ 3 - (-1) \end{pmatrix} = \begin{pmatrix} 1 \\ 4 \end{pmatrix}$$

$$\overrightarrow{AC} = \begin{pmatrix} 5 - 7 \\ 4 - (-1) \end{pmatrix} = \begin{pmatrix} -2 \\ 5 \end{pmatrix}$$

$$A_{\Delta ABC} = \frac{1}{2} \cdot \begin{vmatrix} 1 & -2 \\ 4 & 5 \end{vmatrix}$$

$$A_{\Delta ABC} = \frac{1}{2} \cdot [1 \cdot 5 - (-2) \cdot 4]$$

$$A_{\Delta ABC} = \frac{1}{2} \cdot 13$$

$$A_{\Delta ABC} = 6{,}5 \text{ FE}$$

c) 2 Minuten,

$$A_{\Delta A'B'C'} = k^2 \cdot A_{\Delta ABC}$$

$$A_{\Delta A'B'C'} = \left(-\frac{1}{2}\right)^2 \cdot 6{,}5$$

$$A_{\Delta A'B'C'} = 1{,}625 \text{ FE}$$

2. a) 4 Minuten,

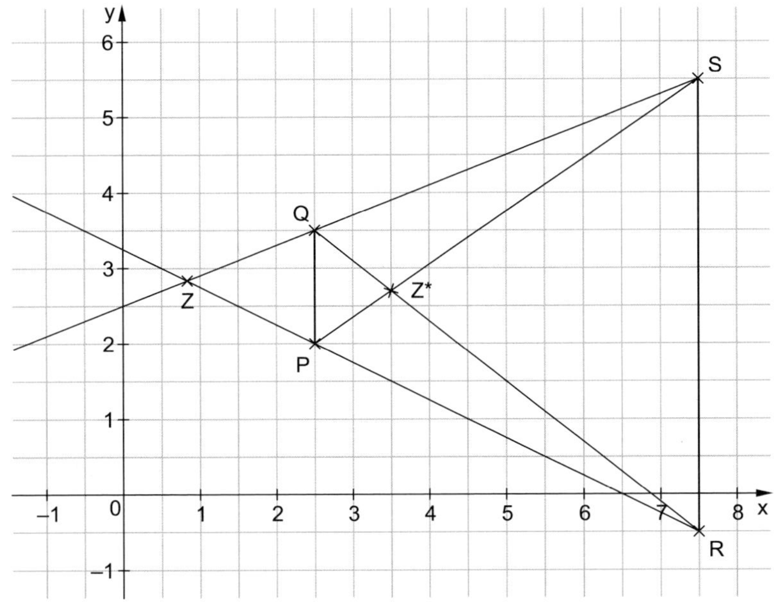

4 b) 3 Minuten,

$|\overline{RS}| = y_S - y_R$

$|\overline{RS}| = 5{,}5 - (-0{,}5)$

$|\overline{RS}| = 6$

$|\overline{PQ}| = y_Q - y_P$

$|\overline{PQ}| = 3{,}5 - 2$

$|\overline{PQ}| = 1{,}5$

$k = |\overline{RS}| : |\overline{PQ}| = 6 : 1{,}5 = 4$

c) 2 Minuten,

$k^* = -4$

Stegreifaufgabe 3

1. 5 Minuten,

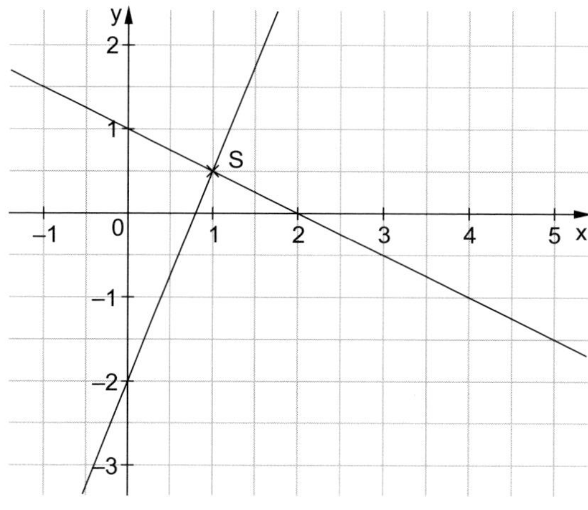

S(1 | 0,5)

Probe:

$$0{,}5 = -\frac{1}{2} \cdot 1 + 1 \quad \text{(wahr)}$$

$$\wedge \; 0{,}5 = 2{,}5 \cdot 1 - 2 \quad \text{(wahr)}$$

$\Rightarrow \; L = \{(1 | 0{,}5)\}$

2. 5 Minuten,

$$\begin{array}{|rll} & 2{,}8y-8=1{,}2x & |\cdot 2 \\ \wedge & 2{,}4x-0{,}6y=4 & |+0{,}6y \end{array}$$

$$\begin{array}{|rl} & 5{,}6y-16=\mathbf{2{,}4x} \\ \wedge & \mathbf{2{,}4x}=4+0{,}6y \end{array}$$

Gleichsetzen:

$$5{,}6y-16=4+0{,}6y \quad |+16-0{,}6y$$
$$5y=20 \quad |:5$$
$$y=4$$

In (II) einsetzen:

$$2{,}4x=4+0{,}6\cdot 4$$
$$2{,}4x=6{,}4 \quad |:2{,}4$$
$$x=\frac{8}{3}$$

$$L=\left\{\left(\frac{8}{3}\middle|4\right)\right\}$$

3. 10 Minuten,

Umfang:

$$2x+2y=48 \quad |:2$$
$$x+y=24$$

Flächeninhalt:

$$A_{alt}=x\cdot y$$
$$A_{neu}=(x+4)\cdot(y-3)=xy-3x+4y-12$$

$$A_{neu}=A_{alt}-14$$
$$xy-3x+4y-12=xy-14 \quad |-xy+12$$
$$-3x+4y=-2$$

Lineares Gleichungssystem:

$$\begin{array}{|rll} & x+y=24 & |-x \\ \wedge & -3x+4y=-2 & \end{array}$$

$$\begin{array}{|rl} & y=24-x \\ \wedge & -3x+4y=-2 \end{array}$$

Einsetzungsverfahren:

$$-3x + 4 \cdot (24 - x) = -2$$
$$-3x + 96 - 4x = -2$$
$$-7x + 96 = -2 \qquad | +2+7x$$
$$98 = 7x \qquad | :7$$
$$14 = x$$

$y = 24 - 14$
$y = 10$

$L = \{(14 | 10)\}$

Die Seiten des ursprünglichen Rechtecks waren 14 cm und 10 cm lang.

Schulaufgabe 1

1. 2 Minuten,

g: $y = -\frac{3}{2}x + 3$

h: $y = 1{,}5$

2. a) 5 Minuten,

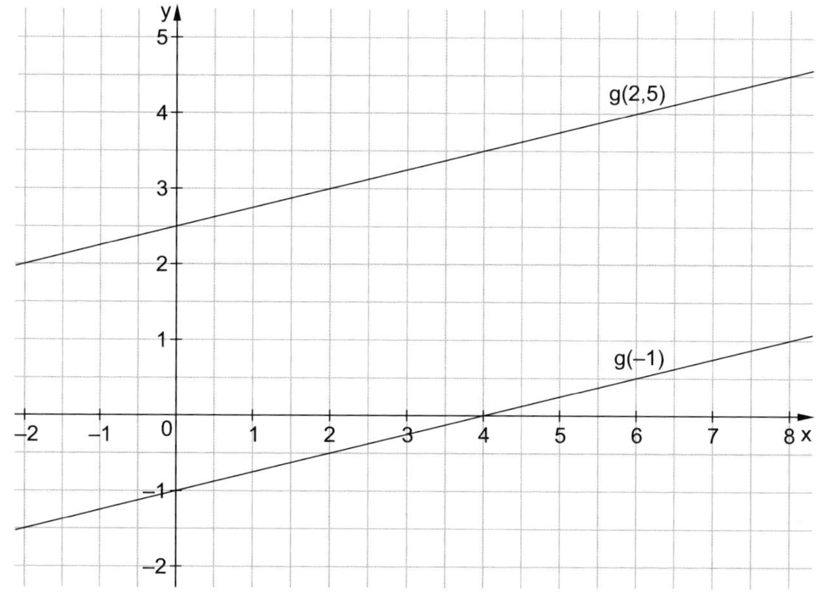

b) 4 Minuten,

$$0{,}8 = \frac{1}{4} \cdot 4{,}8 + t$$

$$0{,}8 = 1{,}2 + t \qquad |-1{,}2$$

$$-0{,}4 = t$$

$$g(-0{,}4):\ y = \frac{1}{4}x - 0{,}4$$

c) 2 Minuten,

z. B.: $y = -4x + 3$

Hinweis: Jede Gerade mit der Steigung -4 ist eine mögliche Lösung.

3. a) 8 Minuten,

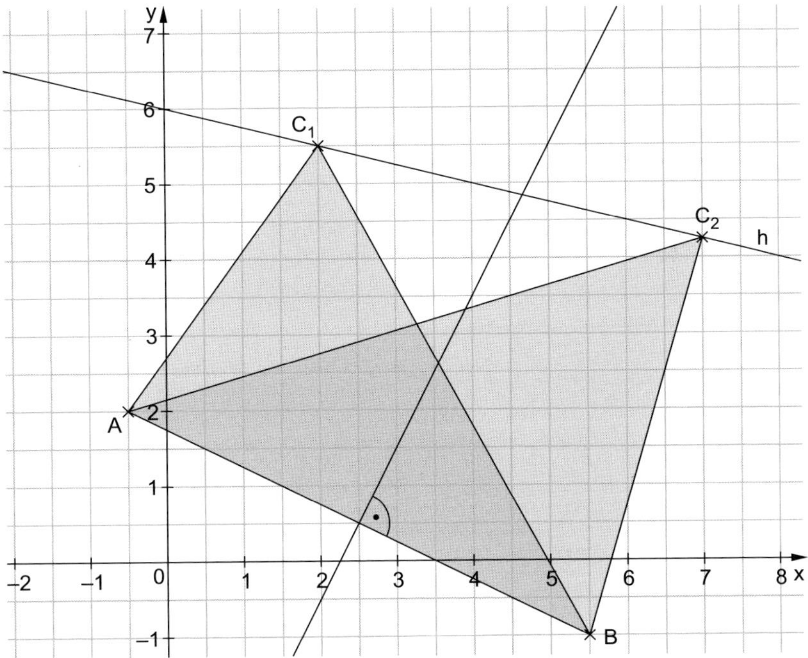

b) 8 Minuten,

$$\overrightarrow{AB} = \begin{pmatrix} 5{,}5 - (-0{,}5) \\ -1 - \ \ 2 \end{pmatrix} = \begin{pmatrix} 6 \\ -3 \end{pmatrix}$$

$$\overrightarrow{AC_n} = \begin{pmatrix} x \quad -(-0{,}5) \\ -\frac{1}{4}x + 6 - \ \ 2 \end{pmatrix} = \begin{pmatrix} x + 0{,}5 \\ -\frac{1}{4}x + 4 \end{pmatrix}$$

$$A(x) = \frac{1}{2} \cdot \begin{vmatrix} 6 & x + 0{,}5 \\ -3 & -\frac{1}{4}x + 4 \end{vmatrix}$$

$$A(x) = \frac{1}{2} \cdot \left[6 \cdot \left(-\frac{1}{4}x + 4 \right) - (-3) \cdot (x + 0{,}5) \right]$$

$$A(x) = \frac{1}{2} \cdot [-1{,}5x + 24 + 3x + 1{,}5]$$

$$A(x) = \frac{1}{2} \cdot [1{,}5x + 25{,}5]$$

$$A(x) = (0{,}75x + 12{,}75) \text{ FE}$$

c) 4 Minuten,

$$0{,}75x + 12{,}75 = 15{,}75 \quad | -12{,}75$$

$$0{,}75x = 3 \quad | : 0{,}75$$

$$x = 4$$

$$y = -\frac{1}{4} \cdot 4 + 6$$

$$y = 5$$

$C_3(4 \,|\, 5)$

d) 3 Minuten,

Zeichnung siehe Teilaufgabe a.

e) 9 Minuten,

$$M_{\overline{AB}}\left(\frac{x_A + x_B}{2} \,\middle|\, \frac{y_A + y_B}{2} \right) = M_{\overline{AB}}\left(\frac{-0{,}5 + 5{,}5}{2} \,\middle|\, \frac{2 + (-1)}{2} \right) = M_{\overline{AB}}(2{,}5 \,|\, 0{,}5)$$

$$\overrightarrow{AB} = \begin{pmatrix} 6 \\ -3 \end{pmatrix} \Rightarrow m_{AB} = \frac{-3}{6} = -\frac{1}{2} \Rightarrow m_{\perp} = +2$$

$$y = 2x + t$$

$$0{,}5 = 2 \cdot 2{,}5 + t \quad | -5$$

$$-4{,}5 = t$$

$$y = 2x - 4{,}5$$

Schulaufgabe 2

1. 1 Minute,

p: $y = 25{,}6$

2. a) 6 Minuten,

$$y = -\frac{2}{5} \cdot (x + 3) + 3{,}7$$

$$y = -\frac{2}{5}x - 1{,}2 + 3{,}7$$

$$y = -\frac{2}{5}x + 2{,}5$$

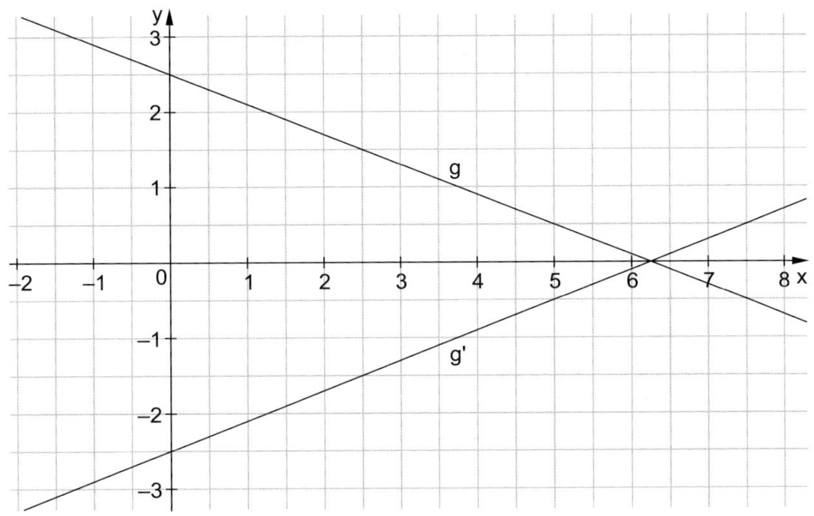

b) 3 Minuten,

$$g': \; y = \frac{2}{5}x - 2{,}5$$

Zeichnung siehe Teilaufgabe a.

c) 5 Minuten,

$$10x + 4y - 10{,}4 = 0 \qquad | -10x + 10{,}4$$

$$4y = -10x + 10{,}4 \qquad | :4$$

$$y = -2{,}5x + 2{,}6$$

$$m_s \cdot m_g = -2{,}5 \cdot \left(-\frac{2}{5}\right) = +1 \neq -1$$

$\Rightarrow$ s und g sind nicht zueinander senkrecht.

3. a) 5 Minuten,

Maßstab 1 : 2

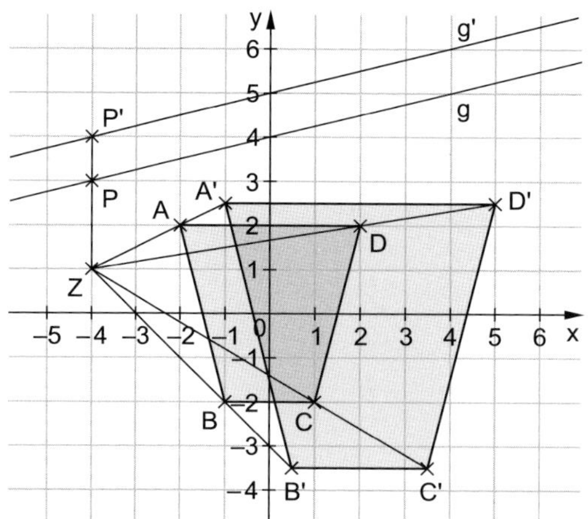

b) 4 Minuten,

Zeichnung siehe Teilaufgabe a.

c) 5 Minuten,

$|\overline{AD}| = 4 \qquad |\overline{BC}| = 2 \qquad h = 4$

$A_{ABCD} = \frac{1}{2} \cdot (4 + 2) \cdot 4$

$A_{ABCD} = 12 \text{ FE}$

$A_{A'B'C'D'} = 1{,}5^2 \cdot 12$

$A_{A'B'C'D'} = 27 \text{ FE}$

d) 3 Minuten,

Zeichnung siehe Teilaufgabe a.

e) 6 Minuten,

$P(-4\,|\,3) \in g$

$|\overline{ZP}| = 2$

$|\overline{ZP'}| = 1{,}5 \cdot 2 = 3$

$\Rightarrow \quad P'(-4\,|\,1 + 3) = P'(-4\,|\,4)$

$$g': \; y = 0{,}25x + t$$
$$4 = 0{,}25 \cdot (-4) + t$$
$$4 = -1 + t \qquad |+1$$
$$5 = t$$
$$g': \; y = 0{,}25x + 5$$

4. a) 6 Minuten,

$$\frac{|\overline{AB}|}{|\overline{CD}|} = \frac{|\overline{ZB}|}{|\overline{ZC}|} \Rightarrow \frac{|\overline{AB}|}{4} = \frac{3{,}5}{7} \Rightarrow |\overline{AB}| = 2\text{ cm}$$

b) 6 Minuten,

$$\frac{|\overline{EF}|}{|\overline{CD}|} = \frac{|\overline{ZE}|}{|\overline{ZC}|}$$
$$\frac{6}{4} = \frac{7 + |\overline{CE}|}{7} \qquad |\cdot 7$$
$$10{,}5 = 7 + |\overline{CE}| \qquad |-7$$
$$|\overline{CE}| = 3{,}5\text{ cm}$$

Schulaufgabe 3

1. a) 10 Minuten,

Maßstab 1 : 2

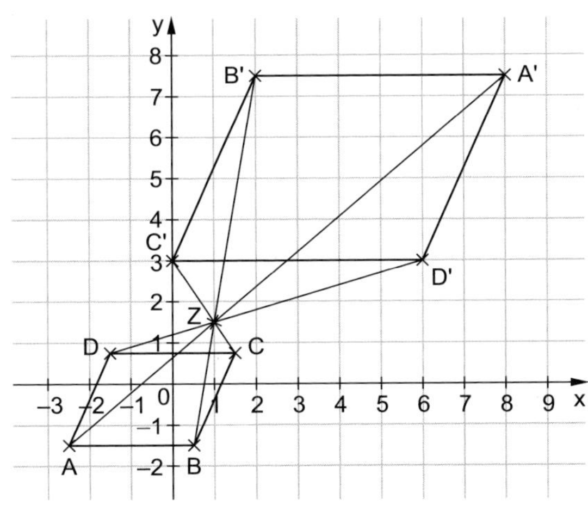

b) 4 Minuten,

$|\overline{AB}| = x_B - x_A$

$|\overline{AB}| = 0{,}5 - (-2{,}5)$

$|\overline{AB}| = 3$ LE

$|\overline{A'B'}| = |k| \cdot |\overline{AB}|$

$|\overline{A'B'}| = |-2| \cdot 3$

$|\overline{A'B'}| = 6$ LE

c) 3 Minuten,

$A_{A'B'C'D'} = k^2 \cdot A_{ABCD} = (-2)^2 \cdot A_{ABCD} = 4 \cdot A_{ABCD}$

Verhältnis 1 : 4

2. 6 Minuten,

$$\frac{|\overline{AB}|}{|\overline{BC}|} = \frac{|\overline{AE}|}{|\overline{ED}|}$$

$$\frac{|\overline{AB}|}{3} = \frac{8}{4} \qquad |\cdot 3$$

$$|\overline{AB}| = \frac{8 \cdot 3}{4}$$

$$|\overline{AB}| = 6 \text{ cm}$$

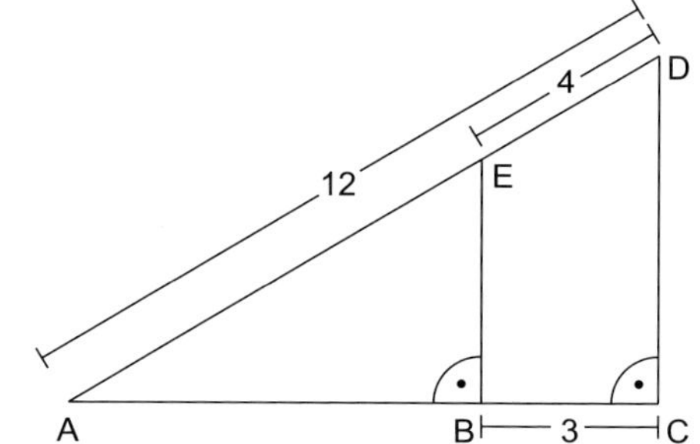

3. 6 Minuten,

$$\frac{|\overline{PT}|}{|\overline{QS}|} = \frac{|\overline{PR}|}{|\overline{QR}|}$$

$$\frac{|\overline{PT}|}{8} = \frac{10{,}5 + 12}{12} \qquad |\cdot 8$$

$$|\overline{PT}| = \frac{8 \cdot 22{,}5}{12}$$

$$|\overline{PT}| = 15 \text{ m}$$

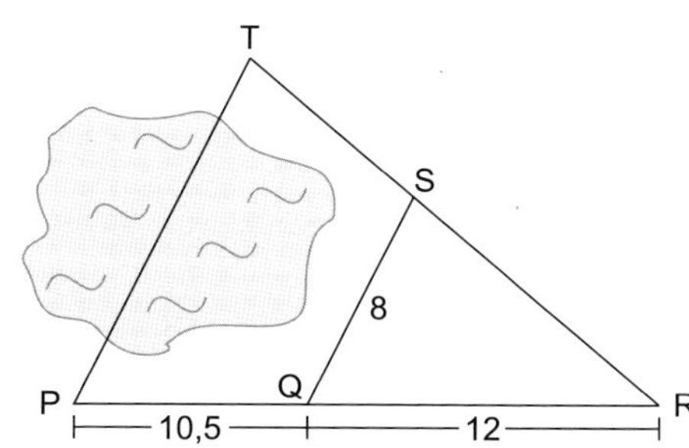

4. 5 Minuten,

Am besten löst man das Gleichungssystem mit dem Additionsverfahren, da bei x der gleiche Koeffizient, allerdings mit unterschiedlichen Vorzeichen, steht.

5. a) 4 Minuten,

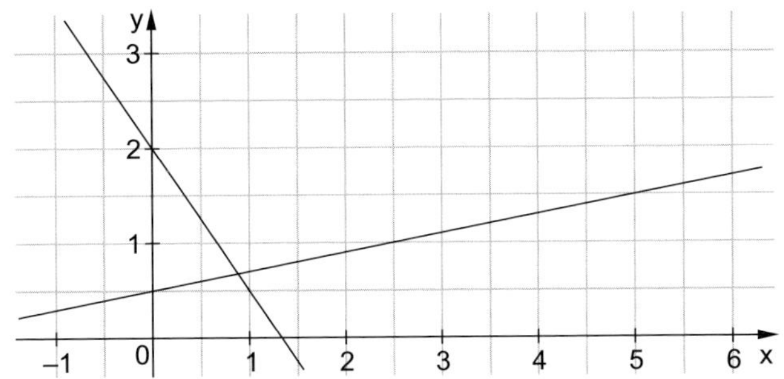

b) 6 Minuten,

$$\begin{array}{|l} \quad y = 0,2x + 0,5 \\ \wedge \quad y = -1,5x + 2 \\ \hline \end{array}$$

$$\begin{aligned} 0,2x + 0,5 &= -1,5x + 2 && |+1,5x - 0,5 \\ 1,7x &= 1,5 && |:1,7 \\ x &= 0,88 \end{aligned}$$

$$y = 0,2 \cdot 0,88 + 0,5$$
$$y = 0,68$$

S(0,88 | 0,68)

6. 6 Minuten,

$$\begin{array}{|l} \quad \frac{2}{3}x - \frac{1}{5}y - 8 = 0 \\ \wedge \quad \frac{1}{5}y + \frac{1}{3}x - 7 = 0 \\ \hline \end{array}$$

Additionsverfahren ((I) + (II)):

$$\frac{2}{3}x - 8 + \frac{1}{3}x - 7 = 0$$
$$\begin{aligned} 1x - 15 &= 0 && |+15 \\ x &= 15 \end{aligned}$$

$$\frac{1}{5}y + \frac{1}{3} \cdot 15 - 7 = 0$$
$$\begin{aligned} \frac{1}{5}y - 2 &= 0 && |+2 \\ \frac{1}{5}y &= 2 && |\cdot 5 \\ y &= 10 \end{aligned}$$

$L = \{(15 | 10)\}$

Schulaufgabe 4

1. a) 8 Minuten,

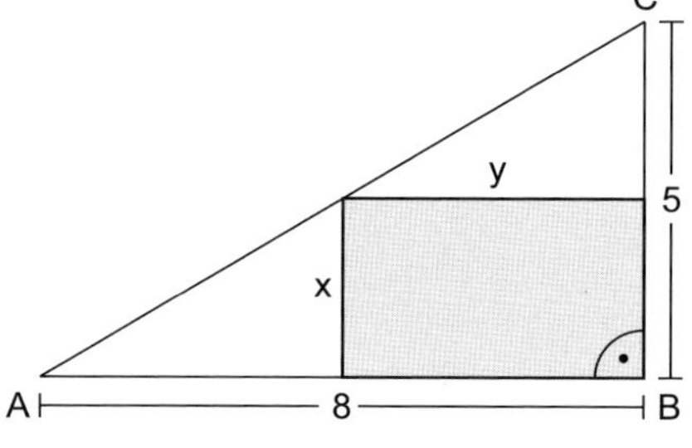

$$\frac{y}{8} = \frac{5-x}{5} \qquad |\cdot 8$$

$$y = 8 \cdot \frac{5-x}{5}$$

$$y = 8 \cdot \left(\frac{5}{5} - \frac{x}{5}\right)$$

$$y = 8 \cdot (1 - 0{,}2x)$$

$$y = 8 - 1{,}6x$$

$$A(x) = x \cdot y$$

$$A(x) = x \cdot (8 - 1{,}6x)$$

$$A(x) = (-1{,}6x^2 + 8x)\ \text{cm}^2$$

b) 4 Minuten,

Bedingung für Quadrat:

$$x = y$$

$$x = 8 - 1{,}6x \qquad |+1{,}6x$$

$$2{,}6x = 8 \qquad |:2{,}6$$

$$x = 3{,}08$$

2. 5 Minuten,

Um den Strahlensatz anwenden zu können, müssten $\overline{BC}$ und $\overline{DE}$ parallel zueinander sein; dies ist hier nicht der Fall.

3. 6 Minuten,

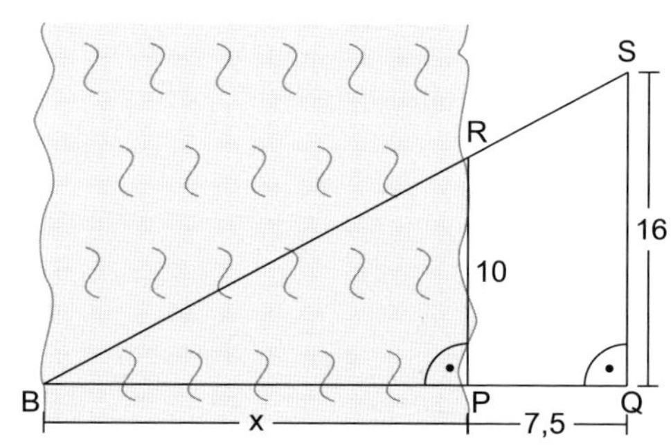

$$\frac{|\overline{QS}|}{|\overline{PR}|} = \frac{|\overline{BQ}|}{|\overline{BP}|}$$

$$\frac{16}{10} = \frac{x + 7{,}5}{x} \qquad |\cdot 10 \cdot x$$

$$16x = 10 \cdot (x + 7{,}5)$$

$$16x = 10x + 75 \qquad |-10x$$

$$6x = 75 \qquad |:6$$

$$x = 12{,}5\ \text{m}$$

4. 4 Minuten,

$$\left|\begin{array}{l} y=\frac{1}{3}x+1{,}5 \\ \wedge\ y=\frac{1}{3}x+1{,}5 \end{array}\right.$$

$$L=\left\{(x\,|\,y)\ \middle|\ y=\frac{1}{3}x+1{,}5\right\}$$

5. 8 Minuten,

$$\left|\begin{array}{ll} 2x-3y=3{,}2 & \\ \wedge\ 1{,}5y=2{,}4x+0{,}8 & |\cdot 2 \end{array}\right.$$

$$\left|\begin{array}{l} 2x-3y=3{,}2 \\ \wedge\ 3y=4{,}8x+1{,}6 \end{array}\right.$$

$$2x-(4{,}8x+1{,}6)=3{,}2$$

$$2x-4{,}8x-1{,}6=3{,}2 \quad |+1{,}6$$

$$-2{,}8x=4{,}8 \quad |:(-2{,}8)$$

$$x=-1{,}71$$

$$3y=4{,}8\cdot(-1{,}71)+1{,}6$$

$$3y=-6{,}61 \quad |:3$$

$$y=-2{,}20$$

$$L=\{(-1{,}71\,|\,-2{,}20)\}$$

6. 15 Minuten,

Preis pro Kind: x
Preis pro Erwachsenem: y
$x\in\mathbb{Q};\ y\in\mathbb{Q}$

$$\left|\begin{array}{ll} 1y+2x=10{,}20 & |-2x \\ \wedge\ 2y+3x=17{,}60 & |-3x \end{array}\right.$$

$$\left|\begin{array}{ll} y=10{,}20-2x & \\ \wedge\ 2y=17{,}60-3x & |:2 \end{array}\right.$$

$$\left|\begin{array}{l} y=10{,}20-2x \\ \wedge\ y=8{,}80-1{,}5x \end{array}\right.$$

$$10{,}20-2x=8{,}80-1{,}5x \quad |-8{,}80+2x$$

$$1{,}40=0{,}5x \quad |\cdot 2$$

$$2{,}80=x$$

$y = 10{,}20 - 2 \cdot 2{,}80$
$y = 4{,}60$

$L = \{(2{,}80 | 4{,}60)\}$

Der Eintritt kostet für Erwachsene 4,60 € und für Kinder 2,80 €.

Stegreifaufgabe 4

1. 2 Minuten,

$\sqrt{10\,000} = 100$

$\sqrt{2{,}56} = 1{,}6$

$\sqrt{\frac{9}{16}} = \frac{3}{4}$

2. 2 Minuten,

$4 < \sqrt{20} < 5$

3. a) 2 Minuten,

$$\begin{aligned}\sqrt{150} : \sqrt{6} &= \sqrt{150 : 6}\\ &= \sqrt{25}\\ &= 5\end{aligned}$$

b) 2 Minuten,

$$\begin{aligned}(\sqrt{200} - \sqrt{72}) : \sqrt{2} &= \sqrt{200} : \sqrt{2} - \sqrt{72} : \sqrt{2}\\ &= \sqrt{200 : 2} - \sqrt{72 : 2}\\ &= \sqrt{100} - \sqrt{36}\\ &= 10 - 6\\ &= 4\end{aligned}$$

c) 3 Minuten,

$$\begin{aligned}\sqrt{6a^3} \cdot \sqrt{3b} \cdot \sqrt{8ab} &= \sqrt{6a^3 \cdot 3b \cdot 8ab}\\ &= \sqrt{144a^4b^2}\\ &= 12a^2b\end{aligned}$$

d) 4 Minuten,

$$\begin{aligned}2\sqrt{5} \cdot (\sqrt{45} + 5\sqrt{3{,}2}) &= 2\sqrt{5} \cdot \sqrt{45} + 2\sqrt{5} \cdot 5\sqrt{3{,}2}\\ &= 2\sqrt{5 \cdot 45} + 10 \cdot \sqrt{5 \cdot 3{,}2}\\ &= 2\sqrt{225} + 10 \cdot \sqrt{16}\\ &= 2 \cdot 15 + 10 \cdot 4\\ &= 70\end{aligned}$$

Stegreifaufgabe 5

1. a) 2 Minuten,

$|\overline{DC}|^2 + 2{,}7^2 = 4{,}5^2 \qquad |-2{,}7^2$

$|\overline{DC}|^2 = 4{,}5^2 - 2{,}7^2$

$|\overline{DC}| = \sqrt{4{,}5^2 - 2{,}7^2}$

$|\overline{DC}| = 3{,}6\text{ cm}$

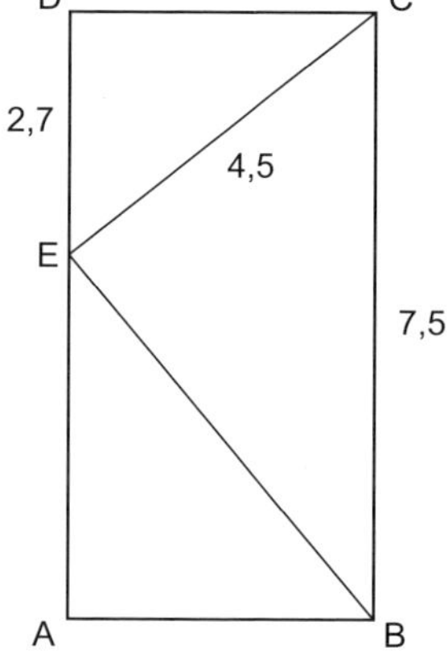

b) 4 Minuten,

$|\overline{AE}| = 7{,}5 - 2{,}7$

$|\overline{AE}| = 4{,}8\text{ cm}$

$|\overline{AB}| = |\overline{DC}| = 3{,}6\text{ cm}$

$|\overline{EB}|^2 = 4{,}8^2 + 3{,}6^2$

$|\overline{EB}| = \sqrt{4{,}8^2 + 3{,}6^2}$

$|\overline{EB}| = 6\text{ cm}$

c) 3 Minuten,

Wenn ΔBCE rechtwinklig ist, müsste gelten:

$7{,}5^2 = 4{,}5^2 + 6^2$

$56{,}25 = 56{,}25 \quad (\text{w})$

Dies ist richtig, also ist ΔBCE rechtwinklig.

2. 3 Minuten,

$d = \sqrt{3{,}4^2 + 1{,}8^2 + 1{,}6^2}$

$d = 4{,}17\text{ m}$

Die Vorhangstange passt in den Laderaum.

3. 6 Minuten,

1. Möglichkeit

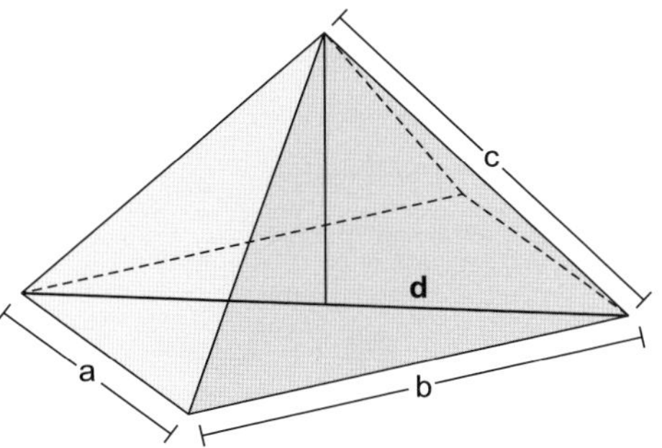

Diagonalenlänge $d = \sqrt{a^2 + b^2}$

$d = \sqrt{180^2 + 240^2}$

$d = 300\text{ cm}$

$c^2 = h^2 + \left(\frac{1}{2}d\right)^2$

$202^2 = h^2 + 150^2 \quad |-150^2$

$202^2 - 150^2 = h^2$

$h = \sqrt{202^2 - 150^2}$

$h = 135\text{ cm}$

2. Möglichkeit

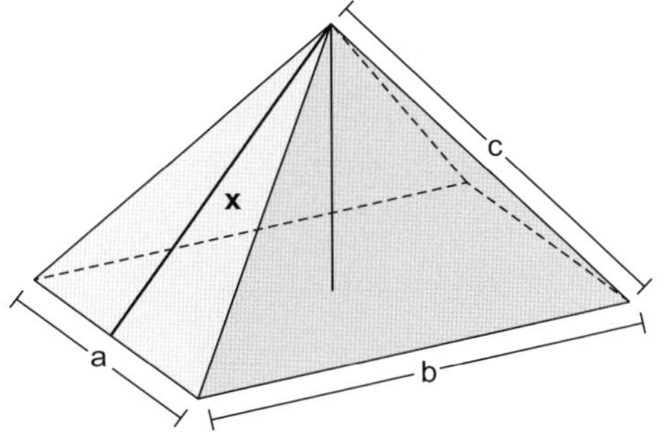

$c^2 = \left(\frac{a}{2}\right)^2 + x^2$

$202^2 = 90^2 + x^2 \quad |-90^2$

$202^2 - 90^2 = x^2$

$32704\text{ cm}^2 = x^2$

$\left(\frac{b}{2}\right)^2 + h^2 = x^2$

$120^2 + h^2 = 32704 \quad |-120^2$

$h^2 = 32704 - 120^2$

$h = \sqrt{32704 - 120^2}$

$h = 135\text{ cm}$

Stegreifaufgabe 6

1. 4 Minuten,

$$h^2 + 80^2 = 280^2 \qquad |-80^2$$
$$h^2 = 280^2 - 80^2$$
$$h = \sqrt{280^2 - 80^2}$$
$$h = 268 \text{ cm}$$
$$h = 2 \text{ m } 68 \text{ cm}$$

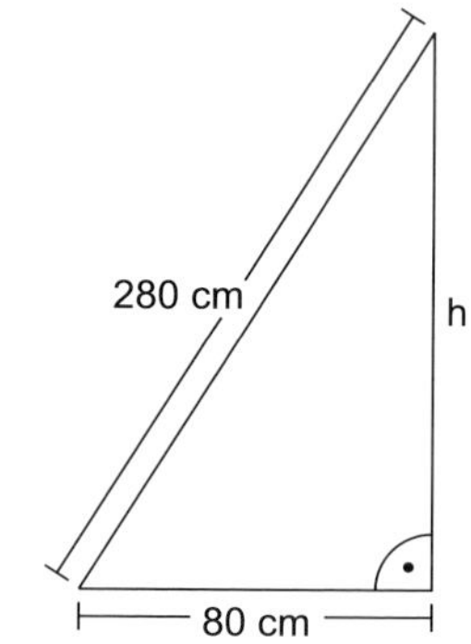

2. 7 Minuten,

$$|\overline{AD}| = (21{,}8 - 8{,}4 - 3{,}8) : 2$$
$$|\overline{AD}| = 4{,}8 \text{ cm}$$
$$|\overline{AE}| = (8{,}4 - 3{,}8) : 2$$
$$|\overline{AE}| = 2{,}3 \text{ cm}$$

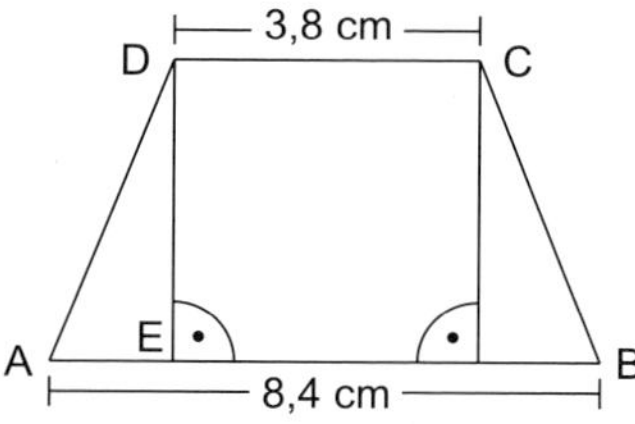

$$h^2 + 2{,}3^2 = 4{,}8^2 \qquad |-2{,}3^2$$
$$h^2 = 4{,}8^2 - 2{,}3^2$$
$$h = \sqrt{4{,}8^2 - 2{,}3^2}$$
$$h = 4{,}2 \text{ cm}$$

$$A = \frac{1}{2} \cdot (8{,}4 + 3{,}8) \cdot 4{,}2$$
$$A = 25{,}6 \text{ cm}^2$$

3. a)  6 Minuten,

$$|\overline{AB}| = x_B - x_A$$
$$|\overline{AB}| = 44{,}5 - 10$$
$$|\overline{AB}| = 34{,}5 \text{ LE}$$

$$|\overline{AC}| = \sqrt{(x_C - x_A)^2 + (y_C - y_A)^2}$$
$$|\overline{AC}| = \sqrt{(34{,}5 - 10)^2 + (26 - 12)^2}$$
$$|\overline{AC}| = 28{,}2 \text{ LE}$$

$$|\overline{BC}| = \sqrt{(x_C - x_B)^2 + (y_C - y_B)^2}$$

$$|\overline{BC}| = \sqrt{(34{,}5 - 44{,}5)^2 + (26 - 12)^2}$$

$$|\overline{BC}| = 17{,}2 \text{ LE}$$

b) 3 Minuten,

Wenn ΔABC rechtwinklig ist, dann gilt:

$$34{,}5^2 = 28{,}2^2 + 17{,}2^2$$

$$1190{,}25 = 1\,091{,}08 \qquad \text{(f)}$$

Dies trifft nicht zu, also ist ΔABC nicht rechtwinklig.

Schulaufgabe 5

1. a) 2 Minuten,

$$16 \cdot x^2 = 25 \quad |:16$$
$$x^2 = \frac{25}{16}$$
$$x = +\frac{5}{4} \vee x = -\frac{5}{4}$$
$$L = \left\{-\frac{5}{4}; \frac{5}{4}\right\}$$

b) 2 Minuten,

$$x^2 + 1{,}16 = 1 \quad |-1{,}16$$
$$x^2 = -0{,}16$$
$$L = \varnothing$$

2. a) 2 Minuten,

$$\sqrt{108x^3} : \sqrt{3x} = \sqrt{108x^3 : (3x)}$$
$$= \sqrt{36x^2}$$
$$= 6x$$

b) 6 Minuten,

$$(\sqrt{140} - 12\sqrt{2{,}8}) \cdot (-2\sqrt{0{,}7}) = \sqrt{140} \cdot (-2\sqrt{0{,}7}) - 12\sqrt{2{,}8} \cdot (-2\sqrt{0{,}7})$$
$$= -2 \cdot \sqrt{140 \cdot 0{,}7} + 24\sqrt{2{,}8 \cdot 0{,}7}$$
$$= -2 \cdot \sqrt{98} + 24\sqrt{1{,}96}$$
$$= -2 \cdot \sqrt{49 \cdot 2} + 24 \cdot 1{,}4$$
$$= -2 \cdot 7 \cdot \sqrt{2} + 33{,}6$$
$$= -14\sqrt{2} + 33{,}6$$

3. 10 Minuten,

Im ΔMCD:

$$|\overline{CD}|^2 = 3^2 + 2{,}5^2$$
$$|\overline{CD}| = \sqrt{3^2 + 2{,}5^2}$$
$$|\overline{CD}| = 3{,}9 \text{ cm}$$

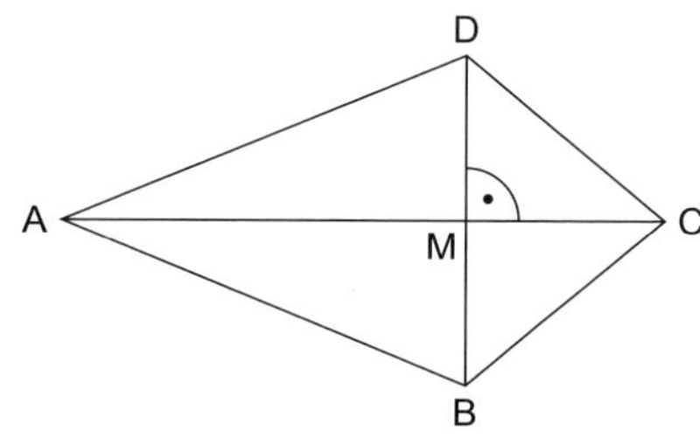

Umfang $u = (6{,}5 + 3{,}9) \cdot 2$

$u = 20{,}8 \text{ cm}$

Im ΔAMD:

$$6{,}5^2 = 2{,}5^2 + |\overline{AM}|^2 \qquad |-2{,}5^2$$

$$6{,}5^2 - 2{,}5^2 = |\overline{AM}|^2$$

$$|\overline{AM}| = \sqrt{6{,}5^2 - 2{,}5^2}$$

$$|\overline{AM}| = 6 \text{ cm}$$

Flächeninhalt:

$$A = \frac{1}{2} \cdot |\overline{AC}| \cdot |\overline{BD}|$$

$$A = \frac{1}{2} \cdot 9 \cdot 5$$

$$A = 22{,}5 \text{ cm}^2$$

4. 7 Minuten,

$$|\overline{AD}|^2 = \left(\frac{5{,}6}{4}\right)^2 + 3{,}2^2$$

$$|\overline{AD}|^2 = 1{,}4^2 + 3{,}2^2$$

$$|\overline{AD}| = \sqrt{1{,}4^2 + 3{,}2^2}$$

$$|\overline{AD}| = 3{,}5 \text{ cm}$$

Umfang $u = 2 \cdot (3{,}5 + 5{,}6)$
$u = 18{,}2 \text{ cm}$

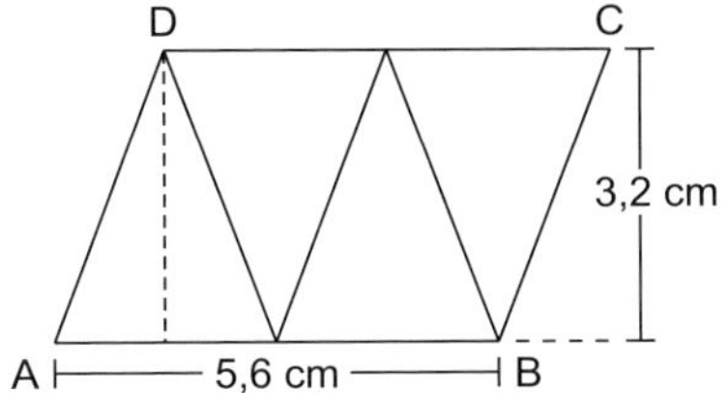

5. a) 4 Minuten,

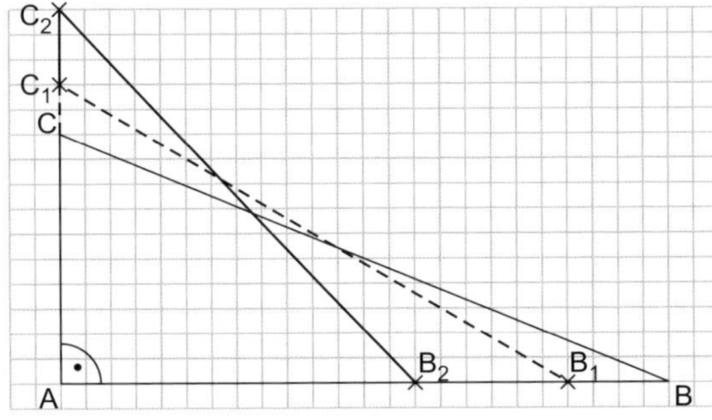

Maßstab 1 : 2

$|\overline{AC_1}| = 6 \text{ cm}$ $\qquad$ $|\overline{AC_2}| = 7{,}5 \text{ cm}$

$|\overline{AB_1}| = 10 \text{ cm}$ $\qquad$ $|\overline{AB_2}| = 5 \text{ cm}$

24 b) 8 Minuten,

$$|\overline{B_nC_n}|^2 = (12-2x)^2 + (5+x)^2$$
$$|\overline{B_nC_n}|^2 = 144 - 48x + 4x^2 + 25 + 10x + x^2$$
$$|\overline{B_nC_n}|^2 = 5x^2 - 38x + 169$$
$$|\overline{B_nC_n}| = \sqrt{5x^2 - 38x + 169}\ \text{cm}$$

c) 9 Minuten,

Die Wurzel wird minimal, wenn der Radikand minimal wird.

$$\begin{aligned} 5x^2 - 38x + 169 &= 5\cdot(x^2 - 7{,}6x + 33{,}8) \\ &= 5\cdot(x^2 - 7{,}6x + 3{,}8^2 - 3{,}8^2 + 33{,}8) \\ &= 5\cdot[(x-3{,}8)^2 + 19{,}36] \\ &= 5\cdot(x-3{,}8)^2 + 96{,}8 \end{aligned}$$

Der minimale Wert ist für $x = 3{,}8$.

Es gilt: $|\overline{B_0C_0}| = \sqrt{96{,}8}$

$|\overline{B_0C_0}| = 9{,}84\ \text{cm}$

Schulaufgabe 6

1. 3 Minuten,

$\sqrt{2} \notin \mathbb{Q}$ $\qquad$ $\sqrt{121} \in \mathbb{Q}$

$\sqrt{3{,}24} \in \mathbb{Q}$ $\qquad$ $\sqrt{3{,}6} \notin \mathbb{Q}$

2. a) 2 Minuten,

$$\sqrt{288x^4} = \sqrt{2 \cdot 144 \cdot x^4} = 12x^2\sqrt{2}$$

b) 2 Minuten,

$$\sqrt{75a^2x^3} = \sqrt{3 \cdot 25 \cdot a^2 \cdot x^2 \cdot x} = 5ax\sqrt{3x}$$

3. a) 3 Minuten,

$$\begin{aligned}\sqrt{20ax} \cdot \sqrt{10a^3x} &= \sqrt{20ax \cdot 10a^3x}\\ &= \sqrt{200a^4x^2}\\ &= \sqrt{2 \cdot 100 \cdot a^4x^2}\\ &= 10a^2x\sqrt{2}\end{aligned}$$

b) 5 Minuten,

$$\begin{aligned}(2\sqrt{5} + 4\sqrt{3} + 8\sqrt{5} - \sqrt{3}) \cdot \sqrt{15} &= (10\sqrt{5} + 3\sqrt{3}) \cdot \sqrt{15}\\ &= 10\sqrt{5} \cdot \sqrt{15} + 3\sqrt{3} \cdot \sqrt{15}\\ &= 10\sqrt{75} + 3\sqrt{45}\\ &= 10\sqrt{25 \cdot 3} + 3\sqrt{9 \cdot 5}\\ &= 10 \cdot 5\sqrt{3} + 3 \cdot 3\sqrt{5}\\ &= 50\sqrt{3} + 9\sqrt{5}\end{aligned}$$

4. 6 Minuten,

$|\overline{CM}| = \frac{a}{2}\sqrt{3}$ (Höhe gleichseitiges Dreieck)

$$2 = \frac{a}{2}\sqrt{3} \quad |\cdot 2$$

$$4 = a\sqrt{3} \quad |:\sqrt{3}$$

$$a = 2{,}3$$

Umfang $u = 4 \cdot 2{,}3$

$u = 9{,}2$ cm

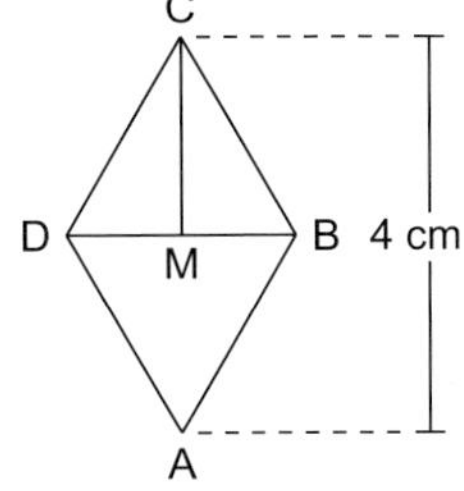

Flächeninhalt:

$A = \frac{1}{2} \cdot |\overline{AC}| \cdot |\overline{BD}|$

$A = \frac{1}{2} \cdot 4 \cdot 2{,}3$

$A = 4{,}6\ \text{cm}^2$

5. 7 Minuten,

Im ΔABM:

$|\overline{BM}|^2 + |\overline{AM}|^2 = |\overline{AB}|^2$

$\left(\frac{4}{2}\right)^2 + |\overline{AM}|^2 = 5^2 \qquad |-2^2$

$|\overline{AM}|^2 = 5^2 - 2^2$

$|\overline{AM}| = \sqrt{5^2 - 2^2}$

$|\overline{AM}| = 4{,}58\ \text{cm}$

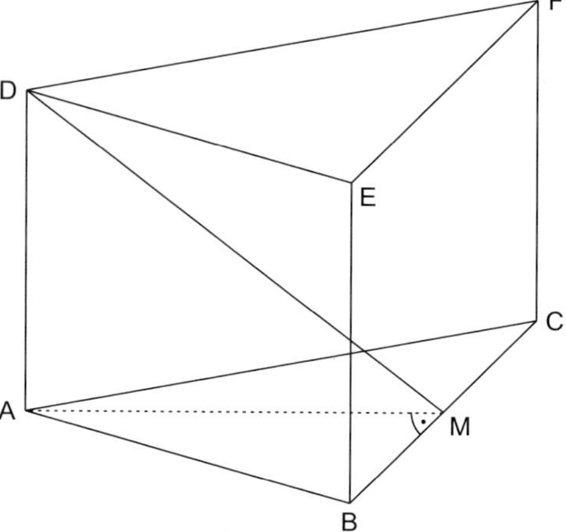

Im ΔAMD:

$|\overline{DM}|^2 = |\overline{AM}|^2 + |\overline{AD}|^2$

$|\overline{DM}|^2 = 4{,}58^2 + 3{,}5^2$

$|\overline{DM}| = \sqrt{4{,}58^2 + 3{,}5^2}$

$|\overline{DM}| = 5{,}76\ \text{cm}$

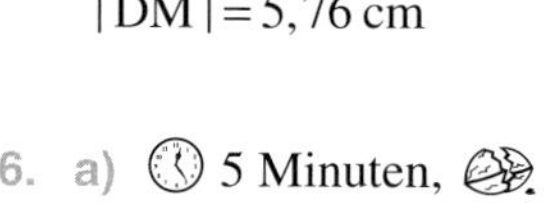

6. a) 5 Minuten,

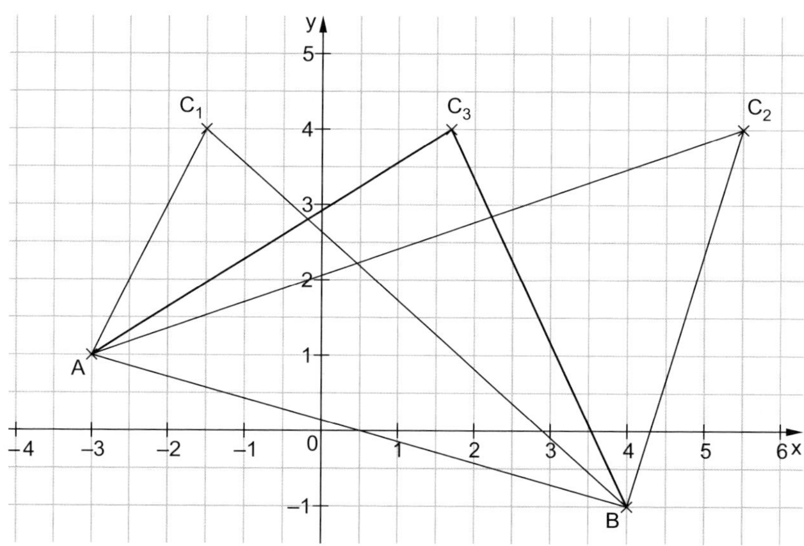

b) 9 Minuten,

$|\overline{AC_n}| = \sqrt{(x_{C_n} - x_A)^2 + (y_{C_n} - y_A)^2}$

$|\overline{AC_n}| = \sqrt{(x+3)^2 + (4-1)^2}$

$|\overline{AC_n}| = \sqrt{x^2 + 6x + 9 + 9}$

$|\overline{AC_n}| = \sqrt{x^2 + 6x + 18}$ LE

$|\overline{BC_n}| = \sqrt{(x_{C_n} - x_B)^2 + (y_{C_n} - y_B)^2}$

$|\overline{BC_n}| = \sqrt{(x-4)^2 + (4+1)^2}$

$|\overline{BC_n}| = \sqrt{x^2 - 8x + 16 + 25}$

$|\overline{BC_n}| = \sqrt{x^2 - 8x + 41}$ LE

c) 8 Minuten,

$|\overline{AC_n}| = |\overline{BC_n}|$, wenn

$x^2 + 6x + 18 = x^2 - 8x + 41 \quad | -x^2 + 8x - 18$

$14x = 23$

$x = 1{,}64$

Zeichnung siehe Teilaufgabe 6 a.

Stegreifaufgabe 7

1. a) 2 Minuten,

$$r^2\pi = 81\pi \quad |:\pi$$
$$r^2 = 81$$
$$r = 9$$
$$d = 18\text{ cm}$$

b) 2 Minuten,

$$2r\pi = 20\pi \quad |:2\pi$$
$$r = 10$$
$$A = 10^2\pi$$
$$A = 314{,}16\text{ cm}^2$$

2. a) 3 Minuten,

$$A_1 = 4{,}6^2\pi \cdot \frac{46°}{360°} - 3{,}6^2\pi \cdot \frac{46°}{360°}$$
$$A_1 = 3{,}29$$
$$A_2 = \left(\frac{|\overline{AB}|}{2}\right)^2 \pi$$
$$A_2 = 0{,}5^2\pi$$
$$A_2 = 0{,}79$$
$$A = A_1 + A_2 = 4{,}08\text{ cm}^2$$

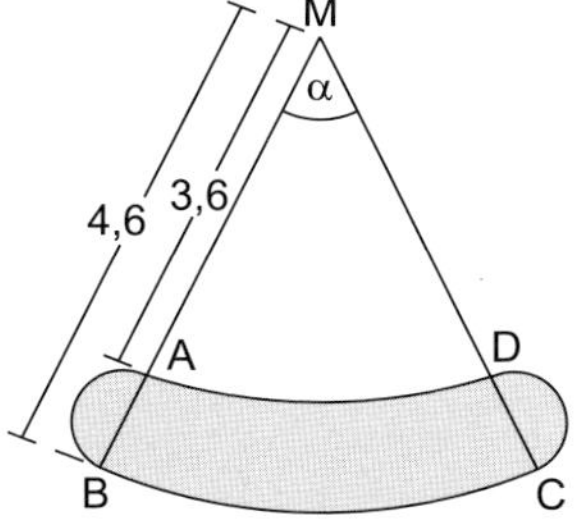

b) 3 Minuten,

$$b_1 = 2 \cdot 3{,}6 \cdot \pi \cdot \frac{46°}{360°} = 2{,}89$$
$$b_2 = 2 \cdot 4{,}6 \cdot \pi \cdot \frac{46°}{360°} = 3{,}69$$
$$k = 2 \cdot 0{,}5 \cdot \pi = 3{,}14$$
$$u = b_1 + b_2 + k = 9{,}72\text{ cm}$$

3. 7 Minuten,

$A_1 = 10^2 \pi = 314{,}16$

$A_2 = 30^2 \pi - 20^2 \pi = 1\,570{,}80$

$A_3 = 50^2 \pi - 40^2 \pi = 2\,827{,}43$

$A = A_1 + A_2 + A_3 = 4\,712{,}39 \text{ cm}^2$

Dreimaliges Anmalen:
$A_{ges} = 3 \cdot A = 14\,137{,}17 \text{ cm}^2 = 1{,}4 \text{ m}^2$

Die Dose reicht nicht!

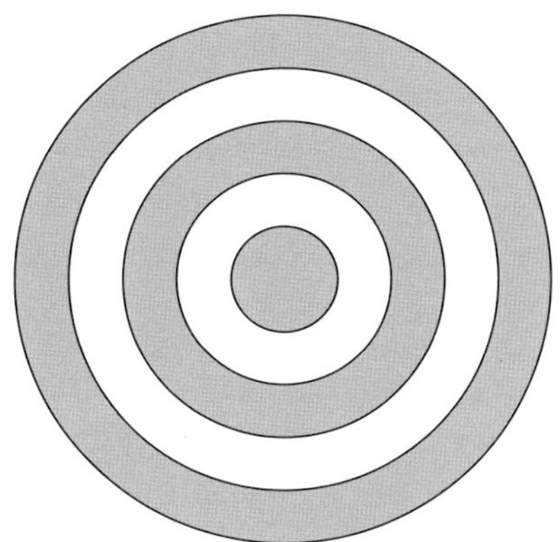

4. 3 Minuten,

$|\overline{AD}|^2 = 3^2 + 3^2$

$|\overline{AD}| = \sqrt{18}$

$|\overline{AD}| = 4{,}24 \text{ cm}$

$\sphericalangle BAD = 2 \cdot (180° - 90°) : 2 = 90°$
(Innenwinkelsumme gleichschenkliges Dreieck)

Gesamtfläche entspricht Kreissektor minus Fläche des Dreiecks ABD

$$A = 4{,}24^2 \pi \cdot \frac{90°}{360°} - 3 \cdot 3$$

$A = 5{,}12 \text{ cm}^2$

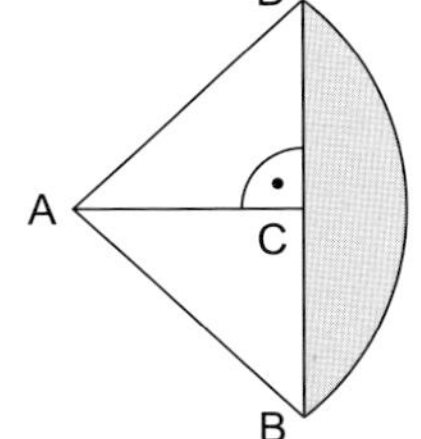

Stegreifaufgabe 8

1. a) 2 Minuten,
   $\{(2|5); (34|); (4|3); (5|2)\}$

   b) 4 Minuten,
   $\{(2|5); (3|4); (3|5); (4|3); (4|5); (5|2); (5|3); (5|4)\}$

   c) 2 Minuten,
   Kugeln insgesamt: 10
   Kugeln kleiner 3: 6
   $P = \frac{6}{10} = 0{,}60$

   d) 2 Minuten,
   Die gezogene Zahl ist größer als 2.
   oder
   Die gezogene Zahl ist größer oder gleich 3.
   $P = 1 - 0{,}60 = 0{,}40$

2. 3 Minuten,
   Im linken Gefäß ist die Wahrscheinlichkeit $\frac{2}{5} = 0{,}40$ eine dunkle Kugel zu ziehen, im rechten Gefäß ist die Wahrscheinlichkeit $\frac{4}{9} = 0{,}\overline{4}$.
   Also ist die Wahrscheinlichkeit im **rechten** Gefäß höher.

3. 3 Minuten,
   Das **rechte** Glücksrad ist ein Laplace-Zufallsgerät, da hier alle Felder gleich groß sind und somit alle Ergebnisse gleich wahrscheinlich sind.

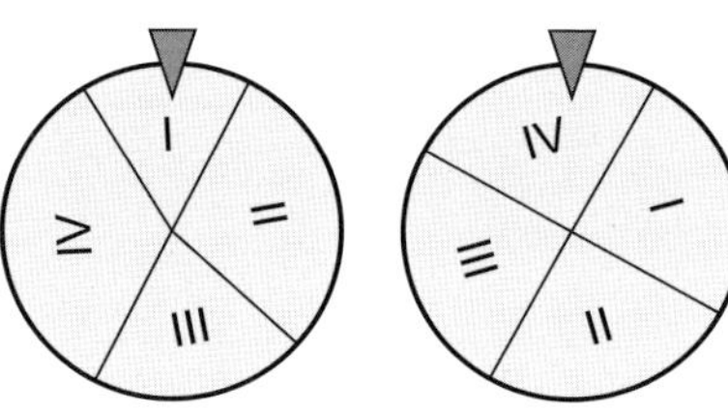

4. a) 2 Minuten,

b) 2 Minuten,

$P = \frac{5}{8}$

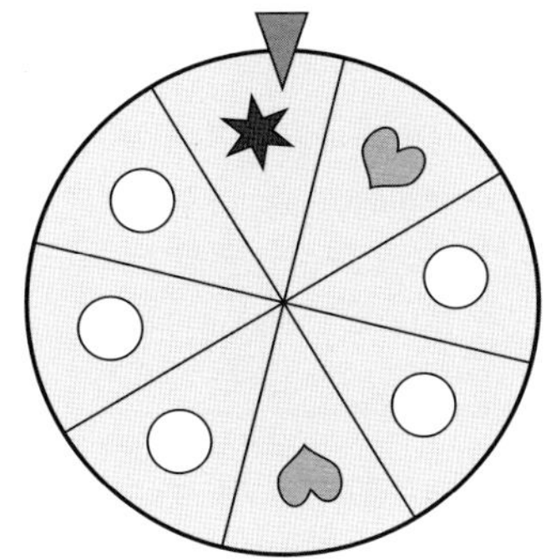

Schulaufgabe 7

1. a) 3 Minuten,

$\tan 32° = \frac{h}{62} \quad | \cdot 62$

$h = 62 \cdot \tan 32°$

$h = 38{,}7\ \text{m}$

b) 4 Minuten,

$\tan 25° = \frac{38{,}7}{\ell} \quad | \cdot \ell : \tan 25°$

$\ell = \frac{38{,}7}{\tan 25°}$

$\ell = 83{,}0\ \text{m}$

$|\overline{S_1S_2}| = 83 - 62$

$|\overline{S_1S_2}| = 21\ \text{m}$

2. a) 6 Minuten,

$\cos \beta_1 = \frac{7}{7{,}5}$

$\beta_1 = 21{,}04°$

$7^2 + |\overline{AD}|^2 = 7{,}5^2 \quad | -7^2$

$|\overline{AD}| = \sqrt{7{,}5^2 - 7^2}$

$|\overline{AD}| = 2{,}69\ \text{cm}$

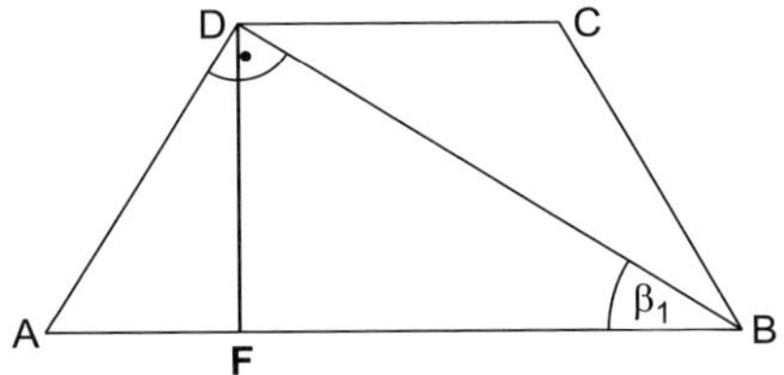

b) 8 Minuten,

Im ΔABD:

$\alpha = 180° - 90° - 21{,}04°$

$\alpha = 68{,}96°$

F ist der Lotfußpunkt von D auf $\overline{AB}$. (siehe Teilaufgabe 2 a)

Im ΔDAF:

$$\cos 68{,}96° = \frac{|\overline{AF}|}{2{,}69} \qquad |\cdot 2{,}69$$

$$|\overline{AF}| = 2{,}69 \cdot \cos 68{,}96°$$

$$|\overline{AF}| = 0{,}97\text{ cm}$$

$$|\overline{DC}| = 7{,}5 - 2 \cdot 0{,}97$$

$$|\overline{DC}| = 5{,}56\text{ cm}$$

3. a) 5 Minuten,

Im ΔPMS:

$$\sin\frac{\alpha}{2} = \frac{3{,}2}{7{,}5}$$

$$\frac{\alpha}{2} = 25{,}26°$$

$$\alpha = 2 \cdot 25{,}26°$$

$$\alpha = 50{,}52°$$

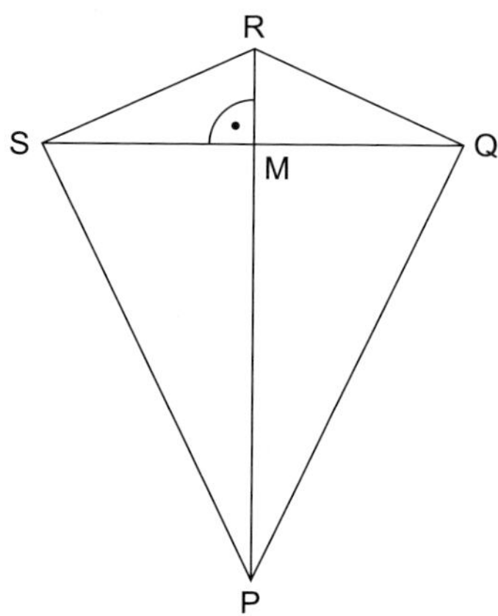

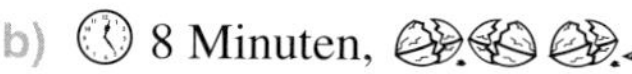
b) 8 Minuten,

Im ΔPRS:

$\sphericalangle SRP = 180° - 25{,}26° - 78°$

$\sphericalangle SRP = 76{,}74°$

Im ΔSMR:

$$\tan 76{,}74° = \frac{3{,}2}{|\overline{MR}|} \qquad |\cdot |\overline{MR}|$$

$$|\overline{MR}| \cdot \tan 76{,}74° = 3{,}2 \qquad |: \tan 76{,}74°$$

$$|\overline{MR}| = \frac{3{,}2}{\tan 76{,}74°}$$

$$|\overline{MR}| = 0{,}75\text{ cm}$$

4. a) 6 Minuten,

$$d^2 = 5^2 + 5^2$$
$$d = \sqrt{5^2 + 5^2}$$
$$d = 7{,}07$$
$$\Rightarrow \quad r = 3{,}54$$
$$A_{\text{Quadrat}} = 5 \cdot 5 = 25$$
$$A_{\text{Viertelkreis}} = \frac{1}{4} \cdot 3{,}54^2 \pi = 9{,}84$$
$$A = 25 - 9{,}84$$
$$A = 15{,}16\,\text{cm}^2$$

b) 4 Minuten,

$$b = \frac{1}{4} \cdot 2 \cdot 3{,}54 \cdot \pi$$
$$b = 5{,}56\,\text{cm}$$
$$|\overline{DE}| = 5 - 3{,}54$$
$$|\overline{DE}| = 1{,}46$$
$$u = 2 \cdot 5 + 2 \cdot 1{,}46 + 5{,}56$$
$$u = 18{,}48\,\text{cm}$$

5. a) 6 Minuten,

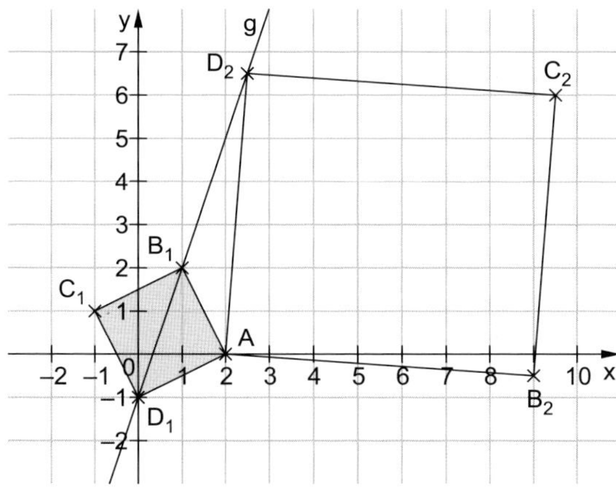

Maßstab 1 : 2

34

b) 5 Minuten,

$$|\overline{AD_n}| = \sqrt{(x_{D_n} - x_A)^2 + (y_{D_n} - y_A)^2}$$

$$|\overline{AD_n}| = \sqrt{(x-2)^2 + (3x-1-0)^2}$$

$$|\overline{AD_n}| = \sqrt{x^2 - 4x + 4 + 9x^2 - 6x + 1}$$

$$|\overline{AD_n}| = \sqrt{10x^2 - 10x + 5} \text{ LE}$$

c) 5 Minuten,

$$\begin{aligned} A(x) = |\overline{AD_n}|^2 &= 10x^2 - 10x + 5 \\ &= 10 \cdot (x^2 - x + 0{,}5) \\ &= 10 \cdot (x^2 - x + 0{,}5^2 - 0{,}5^2 + 0{,}5) \\ &= 10 \cdot [(x - 0{,}5)^2 - 0{,}25 + 0{,}5] \\ &= 10 \cdot (x - 0{,}5)^2 + 2{,}5 \end{aligned}$$

$A_{min} = 2{,}5$ FE für $x = 0{,}5$

Schulaufgabe 8

1. a) 8 Minuten,

F ist der Lotfußpunkt von C auf $\overline{AD}$.

$\sphericalangle DCF = 125° - 90°$

$\sphericalangle DCF = 35°$

Im ΔCDF:

$$\sin 35° = \frac{|\overline{DF}|}{4,5} \qquad | \cdot 4,5$$

$$|\overline{DF}| = 4,5 \cdot \sin 35°$$

$$|\overline{DF}| = 2,58$$

$$|\overline{BC}| = |\overline{AD}| - |\overline{DF}|$$

$$|\overline{BC}| = 6,8 - 2,58$$

$$|\overline{BC}| = 4,22 \text{ cm}$$

b) 4 Minuten,

Im ΔCDF:

$$|\overline{CF}|^2 + 2,58^2 = 4,5^2$$

$$|\overline{CF}| = \sqrt{4,5^2 - 2,58^2}$$

$$|\overline{CF}| = 3,69 \text{ cm}$$

$$A_{ABCD} = \frac{1}{2} \cdot (6,8 + 4,22) \cdot 3,69$$

$$A_{ABCD} = 20,33 \text{ cm}^2$$

2. a) 3 Minuten,

Im ΔMRS:

$$\tan \frac{\gamma}{2} = \frac{3,2}{6}$$

$$\frac{\gamma}{2} = 28,07°$$

$$\gamma = 2 \cdot 28,07°$$

$$\gamma = 56,14°$$

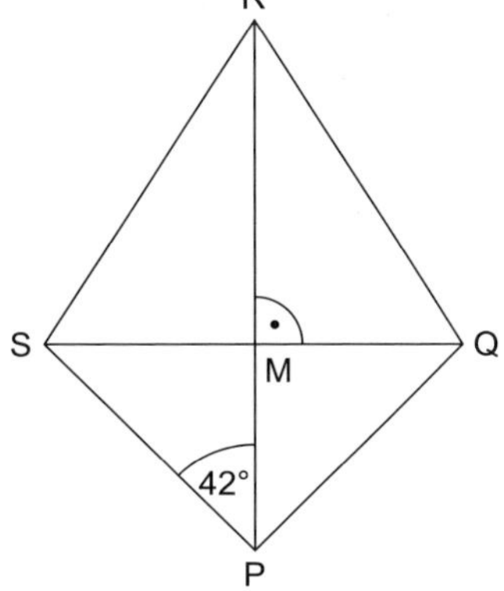

b) 6 Minuten,

Im ΔPMS:

$$\tan 42° = \frac{3,2}{|\overline{PM}|} \qquad |\cdot|\overline{PM}|$$

$$|\overline{PM}| \cdot \tan 42° = 3,2 \qquad |: \tan 42°$$

$$|\overline{PM}| = \frac{3,2}{\tan 42°}$$

$$|\overline{PM}| = 3,55 \text{ cm}$$

$$A = \frac{1}{2} \cdot |\overline{PR}| \cdot |\overline{SQ}|$$

$$A = \frac{1}{2} \cdot 9,55 \cdot 6,4$$

$$A = 30,56 \text{ cm}^2$$

3. a) 5 Minuten,

Im ΔCGB:

$$|\overline{BG}|^2 = 4^2 + 3^2$$

$$|\overline{BG}| = \sqrt{4^2 + 3^2}$$

$$|\overline{BG}| = 5 \text{ cm}$$

Im ΔGAB:

$$\tan \alpha = \frac{6}{5}$$

$$\alpha = 50,19°$$

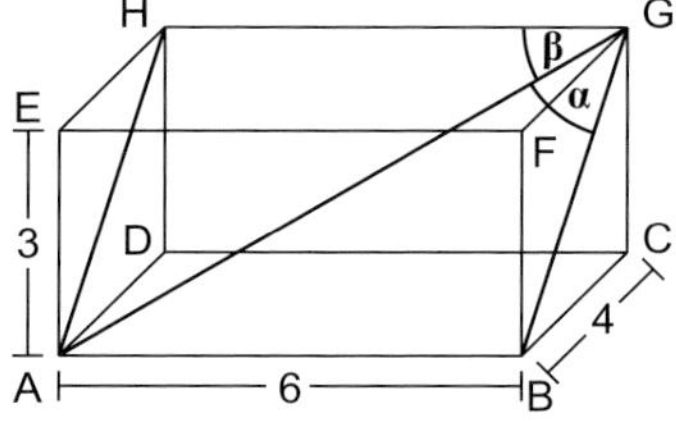

b) 6 Minuten,

$$|\overline{AG}| = \sqrt{6^2 + 5^2}$$

$$|\overline{AG}| = 7,81 \text{ cm}$$

Im ΔHAG:

$$\sin \beta = \frac{5}{7,81}$$

$$\beta = 39,81°$$

oder

$$\beta = 90° - \alpha = 90° - 50,19° = 39,81°$$

4. a) 5 Minuten,

Im ΔTQS:

$$7^2 + |\overline{TS}|^2 = 8^2$$

$$|\overline{TS}| = \sqrt{8^2 - 7^2}$$

$$|\overline{TS}| = 3{,}87 \text{ cm}$$

Im ΔSPT:

$$\tan \varepsilon = \frac{3{,}87}{2}$$

$$\varepsilon = 62{,}67°$$

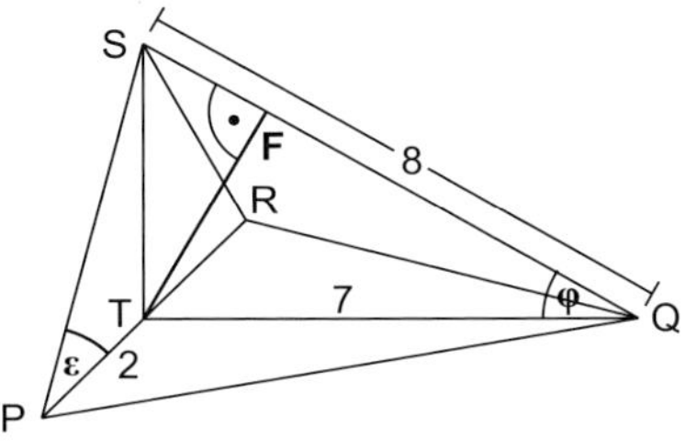

b) 2 Minuten,

Im ΔTQS:

$$\cos \varphi = \frac{7}{8}$$

$$\varphi = 28{,}96°$$

c) 1 Minute,

Zeichnung siehe Teilaufgabe 4 a.

d) 4 Minuten,

Im ΔTQF:

$$\sin 28{,}96° = \frac{|\overline{TF}|}{7} \qquad |\cdot 7$$

$$|\overline{TF}| = 7 \cdot \sin 28{,}96°$$

$$|\overline{TF}| = 3{,}39 \text{ cm}$$

5. 4 Minuten,

$$r^2\pi = 2\,826 \qquad |:\pi$$

$$r^2 = \frac{2\,826}{\pi}$$

$$r = \sqrt{\frac{2\,826}{\pi}}$$

$$r = 30{,}0$$

$$d = 60{,}0 \text{ cm}$$

$$u = 2 \cdot 30{,}0 \cdot \pi$$

$$u = 188{,}5 \text{ cm}$$

6. 6 Minuten,

$$A_S = 4{,}8^2 \pi \cdot \frac{50°}{360°}$$ (Kreissektor mit Mittelpunkt M_3)

$$A_S = 10{,}05$$

$$A_{Kreis} = 2{,}4^2 \pi$$
$$A_{Kreis} = 18{,}10$$ (Kreis mit Mittelpunkt M_1)

$$A_{Figur} = 10{,}05 + 18{,}10$$
$$A_{Figur} = 28{,}15 \text{ cm}^2$$

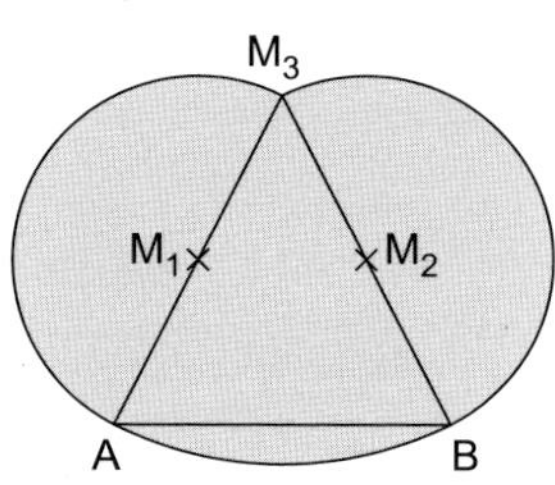

7. 6 Minuten,

Kreissektor minus Dreiecksfläche

$$A_{seg} = 3^2 \pi \cdot \frac{90°}{360°} - \frac{1}{2} \cdot 3 \cdot 3$$
$$A_{seg} = 2{,}57 \text{ cm}^2$$

$$b = 2 \cdot 3 \cdot \pi \cdot \frac{90°}{360°}$$
$$b = 4{,}71$$

$$|\overline{RQ}| = \sqrt{3^2 + 3^2}$$
$$|\overline{RQ}| = 4{,}24$$

$$u = 4{,}71 + 4{,}24$$
$$u = 8{,}95 \text{ cm}$$

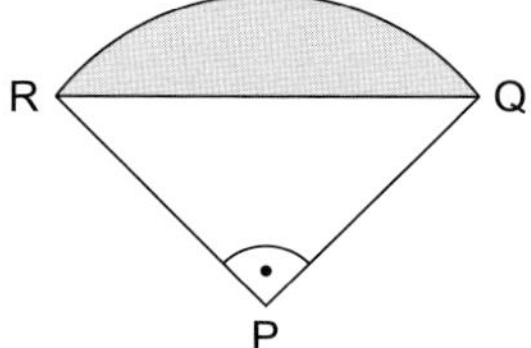

3. Die Punkte A(–2|2) und B(–1|–2) bilden zusammen mit den Punkten C und D das gleichschenklige Trapez ABCD, das symmetrisch zur y-Achse ist. 11

a) Zeichne das Trapez ABCD in ein Koordinatensystem. ___ von 1

Für die Zeichnung: Längeneinheit 1 cm; $-5 \leq x \leq 6$; $-4 \leq y \leq 6$

b) Das Trapez ABCD wird durch zentrische Streckung mit dem Zentrum Z(–4|1) und dem Streckungsfaktor $k = 1{,}5$ auf das Trapez A'B'C'D' abgebildet. ___ von 2
Zeichne das Trapez A'B'C'D' in das Koordinatensystem zu Teilaufgabe a ein.

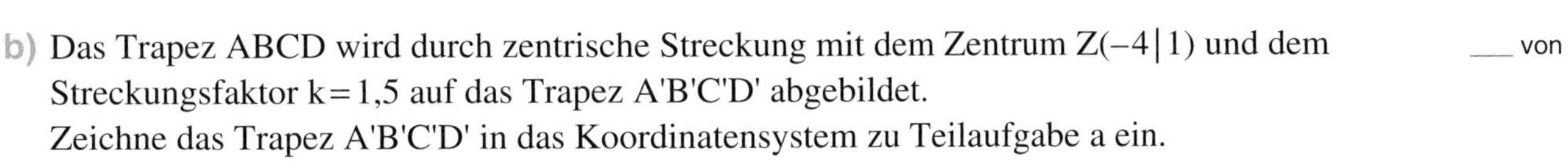

c) Berechne den Flächeninhalt von Trapez ABCD sowie den Flächeninhalt von Trapez A'B'C'D'. ___ von 2

d) Die Gerade g mit der Gleichung $y = 0{,}25x + 4$ wird durch die zentrische Streckung von Teilaufgabe b auf die Gerade g' abgebildet ($x \in \mathbb{Q}$; $y \in \mathbb{Q}$). ___ von 2
Zeichne Gerade g und Gerade g' in das Koordinatensystem zu Teilaufgabe a ein.

e) Bestimme die Gleichung der Geraden g'. ___ von 3

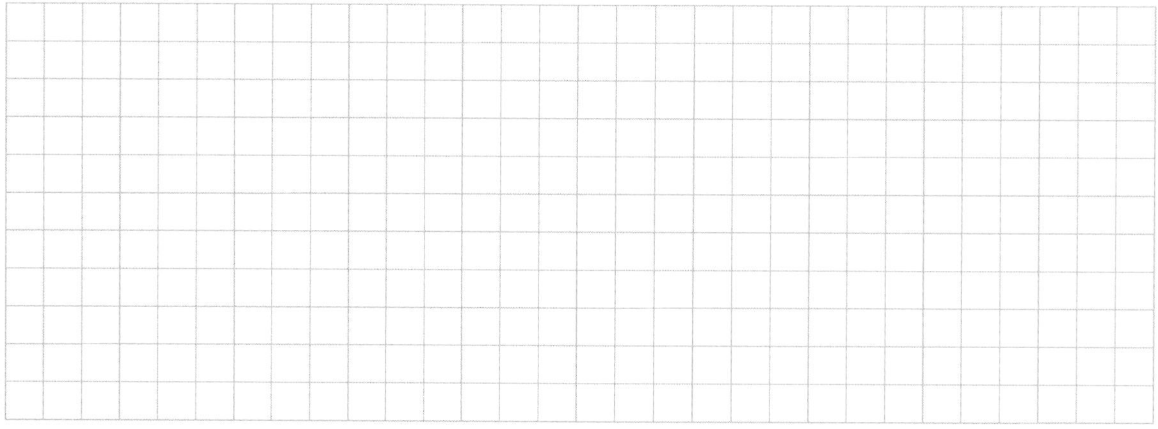

4. In der abgebildeten Figur gilt:
$AB \parallel CD \parallel EF$
$|\overline{ZA}| = 3$ cm; $|\overline{ZB}| = 3{,}5$ cm; $|\overline{ZC}| = 7$ cm; $|\overline{CD}| = 4$ cm; $|\overline{EF}| = 6$ cm

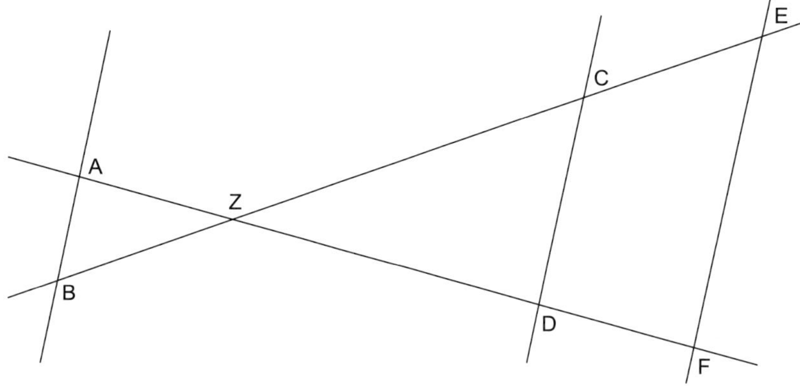

a) Berechne die Länge der Strecke $\overline{AB}$. ___ von 2

b) Berechne die Länge der Strecke $\overline{CE}$. ___ von 3

Notenschlüssel

1	2	3	4	5	6
24–20,5	20–16,5	16–12,5	12–8,5	8–4,5	4–0

So lange habe ich gebraucht: ____________

So viele Punkte habe ich erreicht: ____________

Schulaufgabe 3

Inhalte: Zentrische Streckung, Strahlensätze, Systeme linearer Gleichungen

Zeitbedarf: 50 Minuten

1. Das Parallelogramm ABCD wird durch zentrische Streckung mit dem Zentrum Z(1 | 1,5) und dem Streckungsfaktor $k = -2$ auf das Parallelogramm A'B'C'D' abgebildet.
Es gilt: A(–2,5 | –1,5); B(0,5 | –1,5); D'(6 | 3)

   a) Zeichne die Parallelogramme ABCD und A'B'C'D' in ein Koordinatensystem. ___ von 3

   Für die Zeichnung: Längeneinheit 1 cm; $-3 \leq x \leq 9$; $-2 \leq y \leq 8$

   b) Berechne die Länge der Strecke $\overline{AB}$ sowie die Länge der Strecke $\overline{A'B'}$. ___ von 2

   c) Gib an, in welchem Verhältnis die Flächeninhalte von Ur- und Bildparallelogramm stehen. ___ von 1

2. In der rechts abgebildeten Figur gilt: ___ von 3
$|\overline{AD}| = 12\text{ cm}$
$|\overline{ED}| = 4\text{ cm}$
$|\overline{BC}| = 3\text{ cm}$
Berechne die Länge der Strecke $\overline{AB}$.

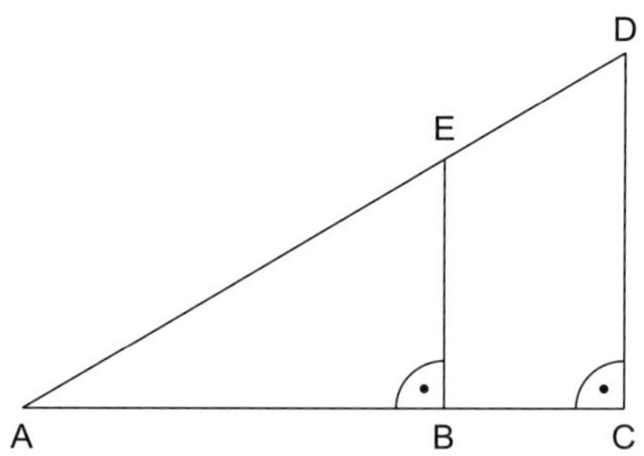

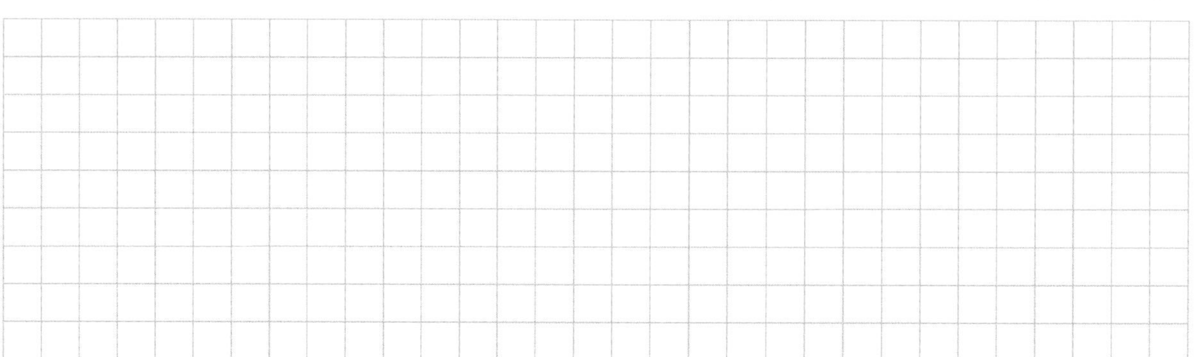

3. Im unwegsamen Gelände soll die Entfernung zwischen den Punkten P und T bestimmt werden. ___ von 3
Hierzu wurden die Punkte P, Q, R, S und T wie rechts abgebildet abgesteckt. Es gilt:
$PT \parallel QS$
$|\overline{PQ}| = 10{,}5\text{ m}$; $|\overline{QR}| = 12\text{ m}$; $|\overline{QS}| = 8\text{ m}$
Berechne die Entfernung der Punkte P und T.

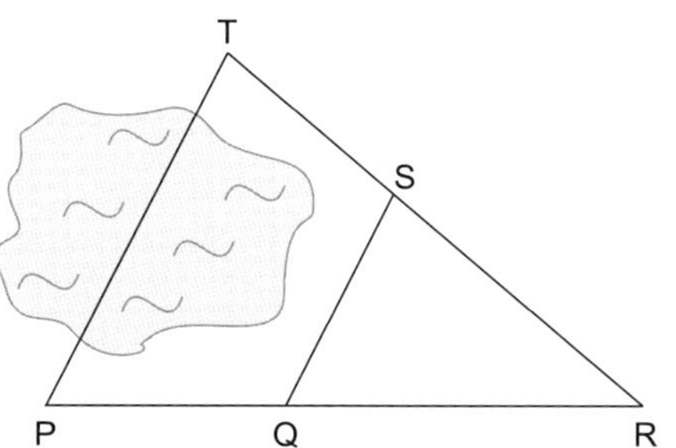

4. Gegeben ist das nachfolgende Gleichungssystem ($x \in \mathbb{Q}$; $y \in \mathbb{Q}$). ___ von 2
Gib an, mit welchem Lösungsverfahren man es am besten lösen kann. Begründe deine Entscheidung.
(Du musst das Gleichungssystem nicht lösen!)

$$\begin{vmatrix} & 2y - 7{,}4x = 3 \\ \wedge & 7{,}4x + 4y = 4{,}5 \end{vmatrix}$$

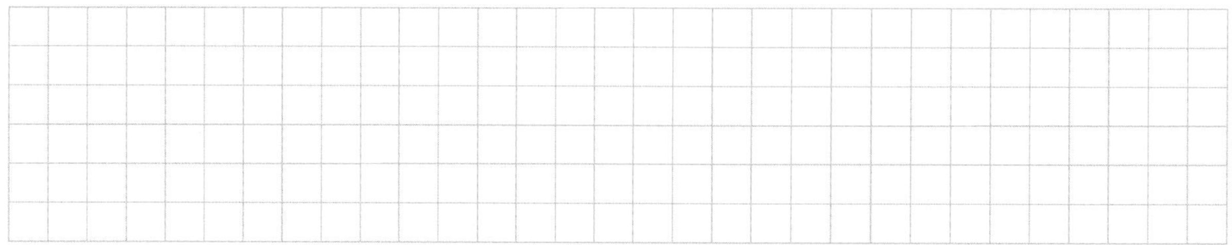

5. Gegeben ist die Gerade g mit der Gleichung $y = 0{,}2x + 0{,}5$ sowie die Gerade h mit der Gleichung $y = -1{,}5x + 2$ ($x \in \mathbb{Q}$; $y \in \mathbb{Q}$). 15

a) Zeichne beide Geraden in ein Koordinatensystem. ___ von 2

Für die Zeichnung: Längeneinheit 1 cm; $-1 \leq x \leq 6$; $0 \leq y \leq 3$

b) Berechne die Koordinaten des Schnittpunkts S der beiden Geraden g und h. ___ von 3
Runde dabei auf zwei Stellen nach dem Komma.

6. Löse das folgende Gleichungssystem mit einem geeigneten Verfahren ($x \in \mathbb{Q}$; $y \in \mathbb{Q}$). ___ von 4

$$\begin{array}{|l} \frac{2}{3}x - \frac{1}{5}y - 8 = 0 \\ \wedge \ \frac{1}{5}y + \frac{1}{3}x - 7 = 0 \end{array}$$

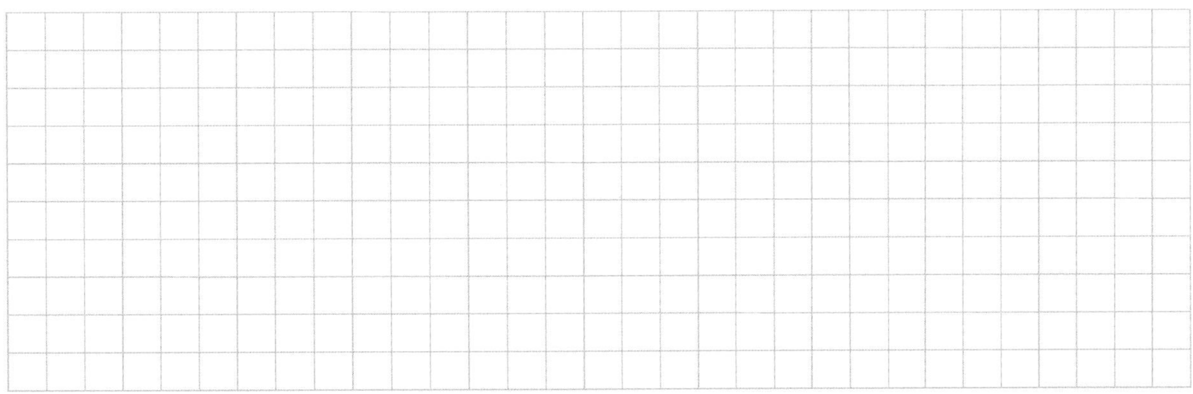

Notenschlüssel

1	2	3	4	5	6
23–20	19,5–16,5	16–13	12,5–9,5	9–5	4,5–0

So lange habe ich gebraucht: ____________

So viele Punkte habe ich erreicht: ____________

Schulaufgabe 4

Inhalte: Strahlensätze, Systeme linearer Gleichungen

Zeitbedarf: 50 Minuten

1. Dem rechtwinkligen Dreieck ABC mit den Kathetenlängen $|\overline{AB}| = 8$ cm und $|\overline{BC}| = 5$ cm werden Rechtecke wie nebenstehend skizziert einbeschrieben. Die Seitenlängen der einbeschriebenen Rechtecke sind variabel ($x, y \in \mathbb{Q}$).

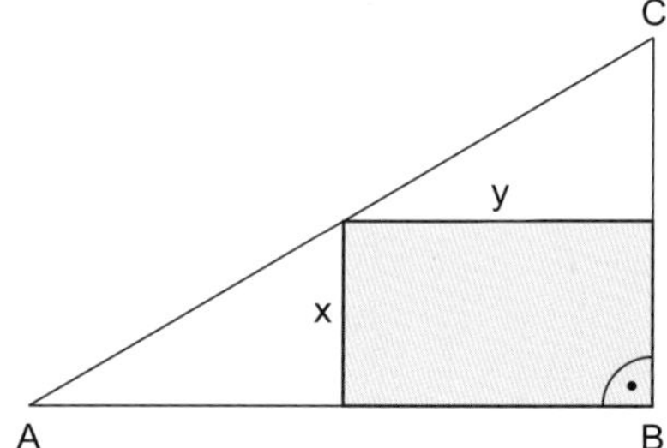

a) Stelle zunächst die Seitenlänge y in Abhängigkeit von der Seitenlänge x dar und bestimme dann den Flächeninhalt A(x) aller einbeschriebenen Rechtecke in Abhängigkeit von x. ___ von 4

Teilergebnis: $y = 8 - 1{,}6x$

b) Unter den Rechtecken befindet sich ein Quadrat. Bestimme rechnerisch den zugehörigen Wert für x. Runde dabei auf zwei Stellen nach dem Komma. ___ von 2

2. Gabi Gedankenlos berechnet in der rechts abgebildeten Zeichnung die Länge x der Strecke $\overline{DE}$ mithilfe des Strahlensatzes und erhält als Ergebnis x = 5 cm. Begründe in einem Satz, warum diese Vorgehensweise falsch ist.

___ von 1

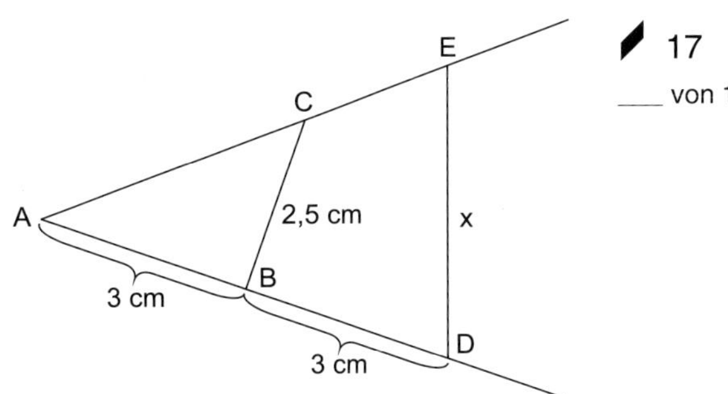

3. Um die Breite des Flusses zu bestimmen, wurden die Punkte P, Q, R und S abgesteckt und folgende Längen bestimmt:
$|\overline{PQ}| = 7{,}5\text{ m}$; $|\overline{PR}| = 10\text{ m}$; $|\overline{QS}| = 16\text{ m}$
Berechne die Flussbreite $|\overline{BP}|$.

___ von 4

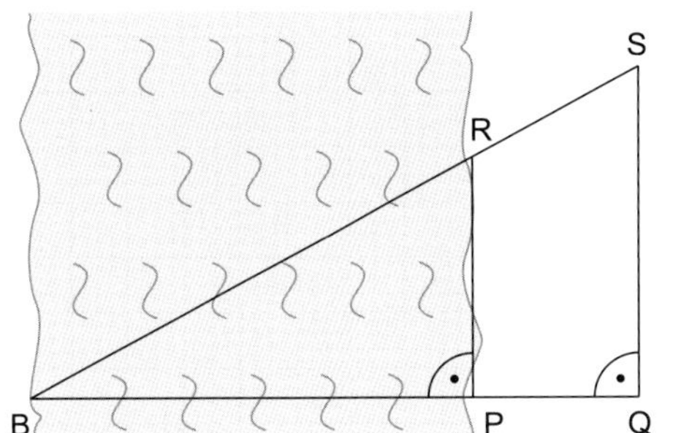

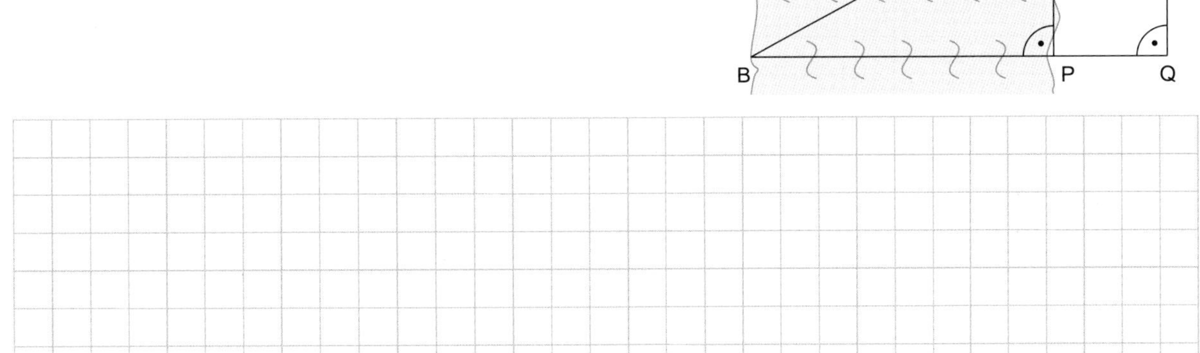

4. Gib das zur Grafik gehörende Gleichungssystem sowie die Lösungsmenge an ($x \in \mathbb{Q}$; $y \in \mathbb{Q}$).

___ von 2

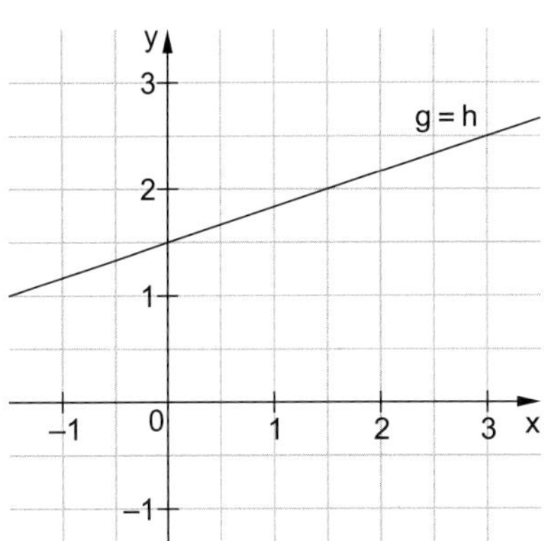

5. Wandle zunächst eine der Gleichungen so um, dass du dann die Lösungsmenge mithilfe des Einsetzungsverfahrens bestimmen kannst ($x \in \mathbb{Q}$; $y \in \mathbb{Q}$). ___ von 4
Runde – falls nötig – auf zwei Stellen nach dem Komma.

$$\begin{vmatrix} & 2x - 3y = 3{,}2 \\ \wedge & 1{,}5y = 2{,}4x + 0{,}8 \end{vmatrix}$$

6. Löse die folgende Textaufgabe mithilfe eines linearen Gleichungssystems. ___ von 4
Frau Schmid geht mit ihren zwei kleinen Töchtern ins Hallenbad und zahlt für den Eintritt 10,20 €.
Herr und Frau Bauer zahlen für sich und ihre drei Kinder 17,60 €.
Berechne, wie viel der Eintritt pro Kind und pro Erwachsenem kostet.

Notenschlüssel

1	2	3	4	5	6
21–18	17,5–14,5	14–11	10,5–7,5	7–4	3,5–0

So lange habe ich gebraucht: ____________

So viele Punkte habe ich erreicht: ____________

Stegreifaufgabe 4

Inhalte: Reelle Zahlen

Zeitbedarf: 15 Minuten

WICHTIG: Diese Stegreifaufgabe ist ohne Taschenrechner zu lösen!

1. Berechne die Quadratwurzeln. ___ von 3

$\sqrt{10\,000} =$ ____________

$\sqrt{2{,}56} =$ ____________

$\sqrt{\frac{9}{16}} =$ ____________

2. Gib von $\sqrt{20}$ die nächstkleinere sowie die nächstgrößere natürliche Zahl an.

____________ $< \sqrt{20} <$ ____________

3. Vereinfache so weit wie möglich.

a) $\sqrt{150} : \sqrt{6}$

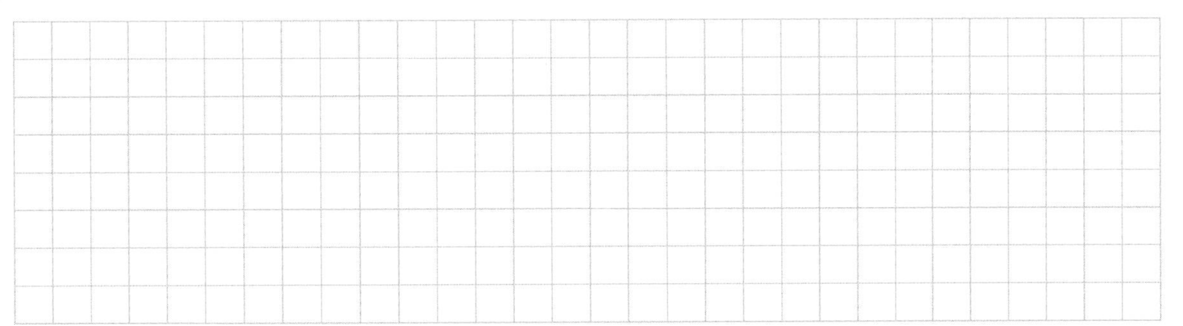

b) $(\sqrt{200} - \sqrt{72}) : \sqrt{2}$

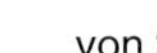

20 c) $\sqrt{6a^3} \cdot \sqrt{3b} \cdot \sqrt{8ab}$ $(a, b \in \mathbb{R}^+)$

d) $2\sqrt{5} \cdot (\sqrt{45} + 5\sqrt{3{,}2})$

Notenschlüssel

1	2	3	4	5	6
16–14	13,5–11,5	11–9	8,5–6,5	6–3,5	3–0

So lange habe ich gebraucht: ____________

So viele Punkte habe ich erreicht: ____________

Stegreifaufgabe 5

Inhalte: Pythagoras in der Ebene, Pythagoras im Raum

Zeitbedarf: 18 Minuten

1. Dem Rechteck ABCD ist das Dreieck BCE einbeschrieben.
Es gilt: $|\overline{BC}| = 7{,}5$ cm; $|\overline{DE}| = 2{,}7$ cm; $|\overline{EC}| = 4{,}5$ cm.

a) Berechne die Länge der Strecke $\overline{DC}$. ___ von 2

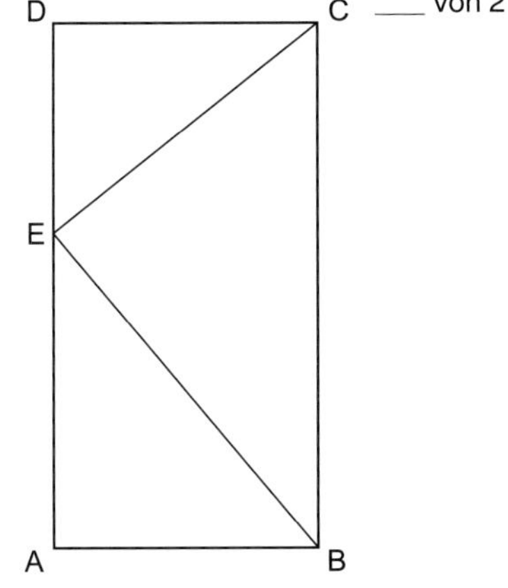

b) Berechne die Länge der Strecke $\overline{EB}$. ___ von 2

c) Überprüfe rechnerisch, ob das Dreieck BCE rechtwinklig ist. ___ von 2

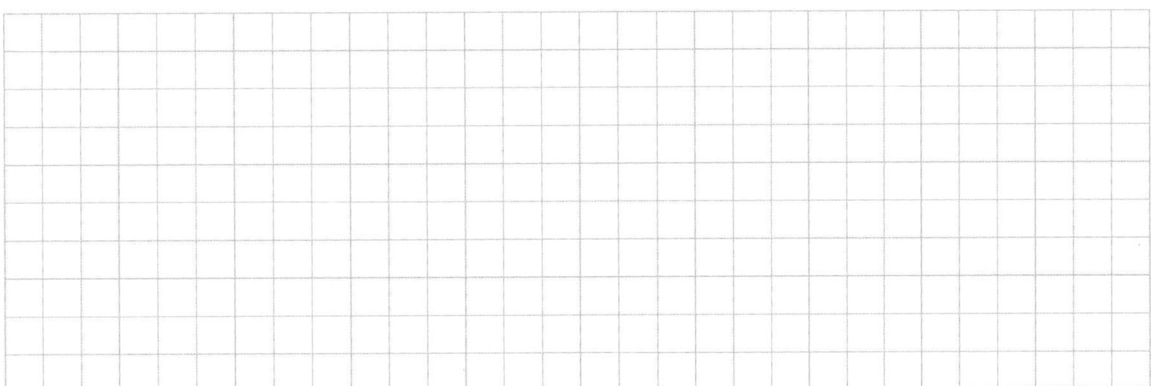

2. Möbelpacker Martin möchte eine 4 m lange Vorhangstange in seinen Kleintransporter einladen. Überprüfe rechnerisch, ob die Vorhangstange vollständig in den (quaderförmigen) Laderaum passt, wenn Martin sie diagonal durch den Raum platziert. Der Ladebereich ist 3,4 m lang, 1,8 m breit und 1,6 m hoch. Gib das Ergebnis auf zwei Stellen nach dem Komma genau an. ___ von 2

3. Opa findet auf dem Dachboden die Zeltplane eines Pyramidenzelts. Es handelt sich um eine gerade regelmäßige Pyramide mit folgenden Maßen: a = 180 cm, b = 240 cm und c = 202 cm. Da die mittlere Zeltstange fehlt, muss er sich eine zurechtschneiden. Berechne, wie lange sie sein muss. Runde dabei auf Zentimeter. ___ von 4

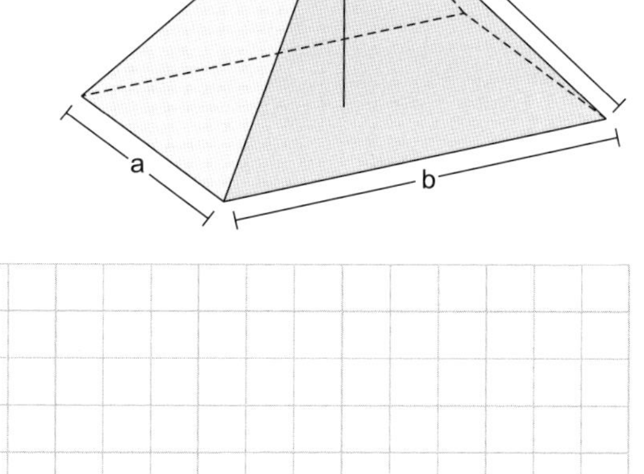

Notenschlüssel

1	2	3	4	5	6
12–10,5	10–8,5	8–6,5	6–4,5	4–2,5	2–0

So lange habe ich gebraucht: ______________

So viele Punkte habe ich erreicht: ______________

Stegreifaufgabe 6

Inhalte: Pythagoras in der Ebene, Pythagoras im Koordinatensystem

Zeitbedarf: 20 Minuten

1. Eine Leiter von 2,80 m Länge lehnt an einer Wand. Ihr unteres Ende ist 80 cm von der Wand entfernt. Fertige eine Skizze an und berechne, wie hoch die Leiter reicht. Gib das Ergebnis in Meter und Zentimeter an. ___ von 3

2. Das gleichschenklige Trapez ABCD hat einen Umfang von 21,8 cm. Die beiden parallelen Seiten sind 8,4 cm und 3,8 cm lang. Berechne den Flächeninhalt des Trapezes ABCD. Runde dabei auf eine Stelle nach dem Komma. ___ von 5

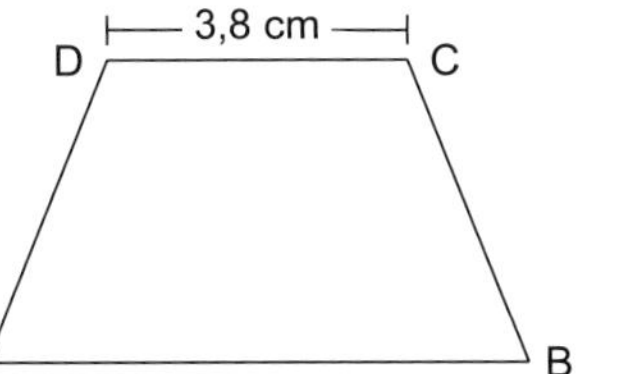

3. Gegeben ist das Dreieck ABC mit A(10 | 12), B(44,5 | 12), C(34,5 | 26).

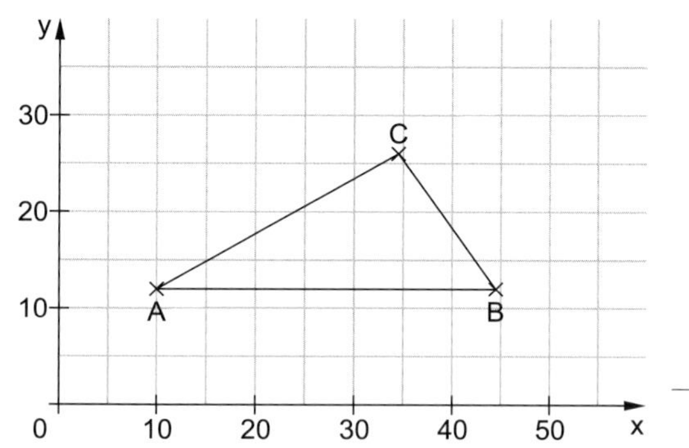

a) Berechne die Längen der drei Dreiecksseiten. Runde dabei auf eine Stelle nach dem Komma. ___ von 4

b) Überprüfe mithilfe der Ergebnisse aus Teilaufgabe a, ob das Dreieck ABC rechtwinklig ist. ___ von 2

Notenschlüssel

1	2	3	4	5	6
14–12,5	12–10,5	10–8,5	8–6,5	6–3,5	3–0

So lange habe ich gebraucht: ______________

So viele Punkte habe ich erreicht: ______________

Schulaufgabe 5

Inhalte: Reelle Zahlen, Pythagoras in der Ebene, funktionale Abhängigkeiten

Zeitbedarf: 50 Minuten

1. Bestimme die Lösungsmenge ($G = \mathbb{R}$).

a) $16 \cdot x^2 = 25$ ___ von 1,5

b) $x^2 + 1{,}16 = 1$ ___ von 1,5

2. Vereinfache so weit wie möglich. Radiziere teilweise, falls möglich ($x \in \mathbb{R}^+$).

a) $\sqrt{108x^3} : \sqrt{3x}$ ___ von 2

b) $(\sqrt{140} - 12\sqrt{2{,}8}) \cdot (-2\sqrt{0{,}7})$ ___ von 4

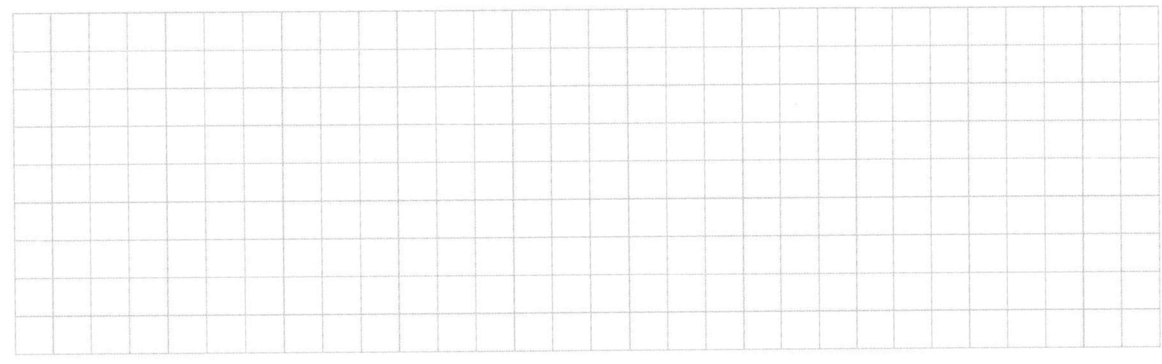

3. Gegeben ist das zu $\overline{AC}$ symmetrische Drachenviereck ABCD mit $|\overline{AD}| = 6{,}5$ cm; $|\overline{BD}| = 5$ cm; $|\overline{MC}| = 3$ cm.
Berechne Umfang und Flächeninhalt des Drachenvierecks ABCD.
Runde dabei auf eine Stelle nach dem Komma.

___ von 5

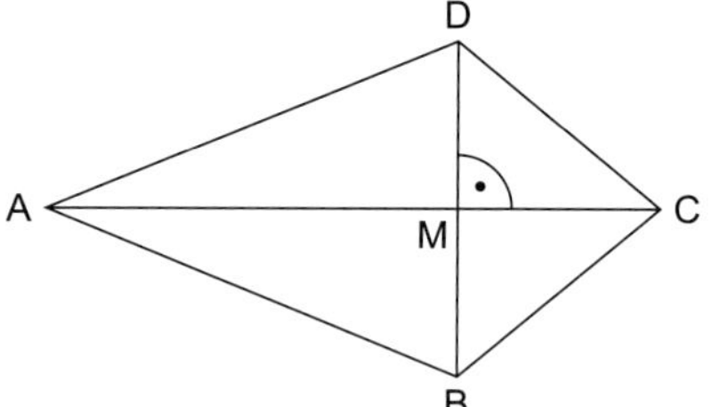

4. Das Parallelogramm ABCD besteht aus vier kongruenten gleichschenkligen Dreiecken.
Die Grundlinie des Parallelogramms ist 5,6 cm lang, die Höhe beträgt 3,2 cm.
Berechne den Umfang des Parallelogramms.
Runde dabei auf eine Stelle nach dem Komma.

___ von 3

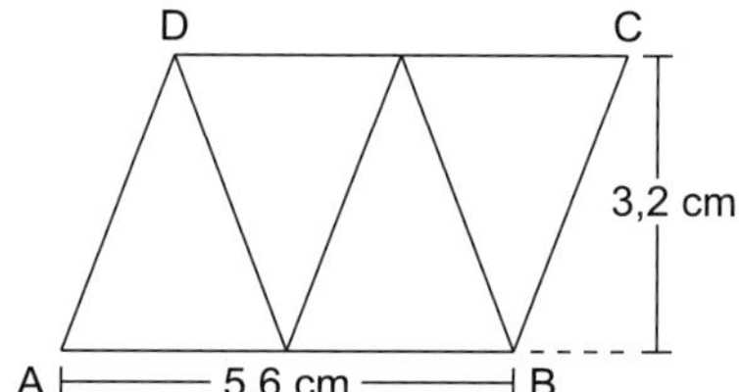

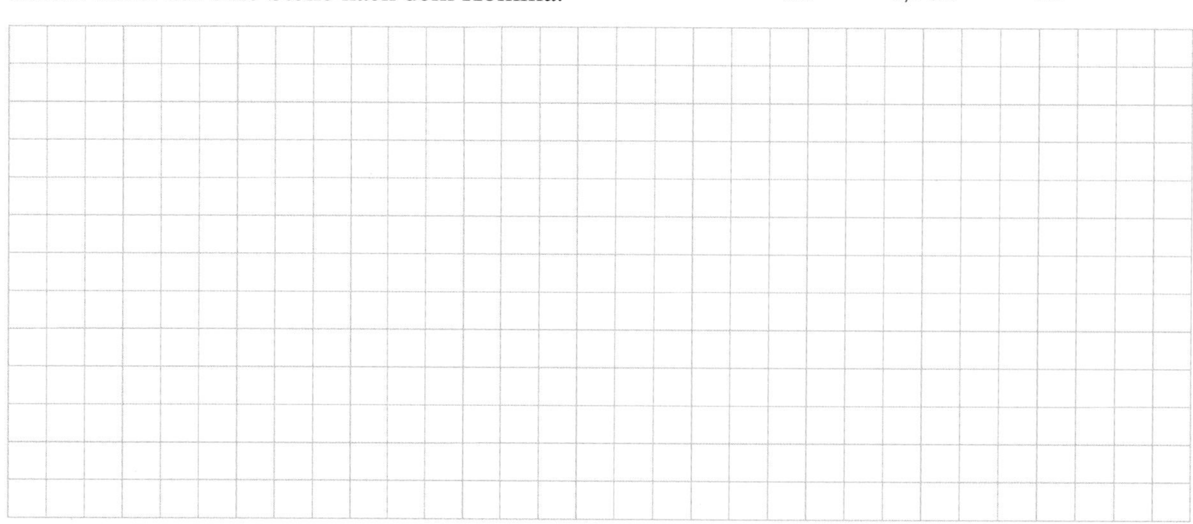

5. Das rechtwinklige Dreieck ABC hat die Kathetenlängen $|\overline{AB}| = 12$ cm und $|\overline{AC}| = 5$ cm. Es entstehen neue Dreiecke AB_nC_n, indem $\overline{AC}$ über C hinaus um x cm verlängert wird und gleichzeitig $\overline{AB}$ von B aus um 2x cm verkürzt wird ($x \in \mathbb{R}^+$). 27

a) Zeichne das Dreieck AB_1C_1 für $x = 1$ und das Dreieck AB_2C_2 für $x = 2{,}5$.

___ von 2

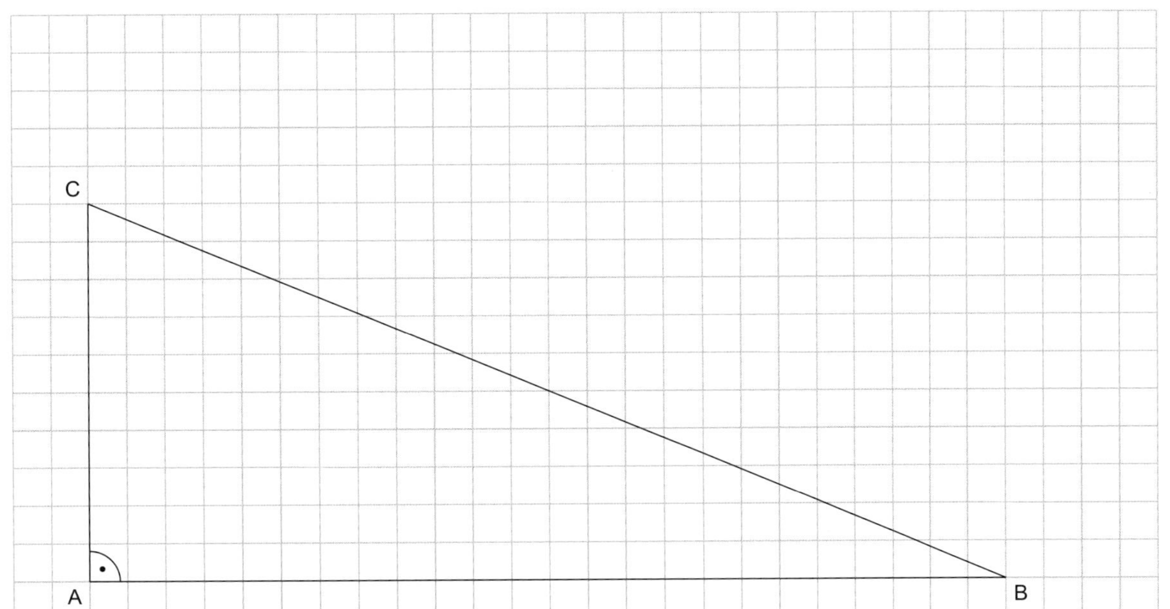

b) Stelle die Hypotenusenlänge $|\overline{B_nC_n}|$ in Abhängigkeit von x dar.

___ von 5

Ergebnis: $|\overline{B_nC_n}| = \sqrt{5x^2 - 38x + 169}$ cm

c) Bestimme rechnerisch die Belegung für x, für die die Hypotenusenlänge $|\overline{B_nC_n}|$ minimal wird. Gib diese minimale Länge $|\overline{B_0C_0}|$ auf zwei Stellen nach dem Komma gerundet an. ___ von 4

Notenschlüssel

1	2	3	4	5	6
28–24	23,5–19,5	19–15	14,5–10,5	10–5,5	5–0

So lange habe ich gebraucht: ______________

So viele Punkte habe ich erreicht: ______________

Schulaufgabe 6

Inhalte: Reelle Zahlen, Pythagoras in der Ebene und im Raum, funktionale Abhängigkeiten

Zeitbedarf: 50 Minuten

1. Überlege, ob folgende Zahlen rational oder irrational sind. ___ von 2
Setze das richtige Zeichen $\in$ oder $\notin$ ein.

$\sqrt{2}$ ________ $\mathbb{Q}$ $\qquad$ $\sqrt{121}$ ________ $\mathbb{Q}$

$\sqrt{3{,}24}$ ________ $\mathbb{Q}$ $\qquad$ $\sqrt{3{,}6}$ ________ $\mathbb{Q}$

2. Radiziere teilweise (a, $x \in \mathbb{R}^+$).

a) $\sqrt{288x^4}$ ___ von 2

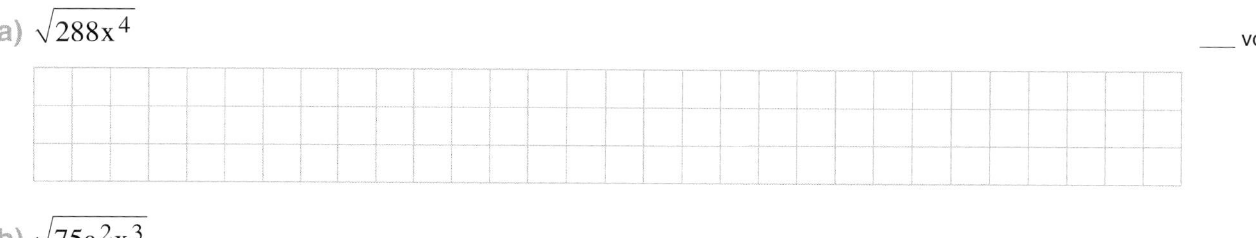

b) $\sqrt{75a^2x^3}$ ___ von 2

3. Vereinfache so weit wie möglich. Radiziere teilweise, falls möglich (a, $x \in \mathbb{R}^+$).

a) $\sqrt{20ax} \cdot \sqrt{10a^3x}$ ___ von 3

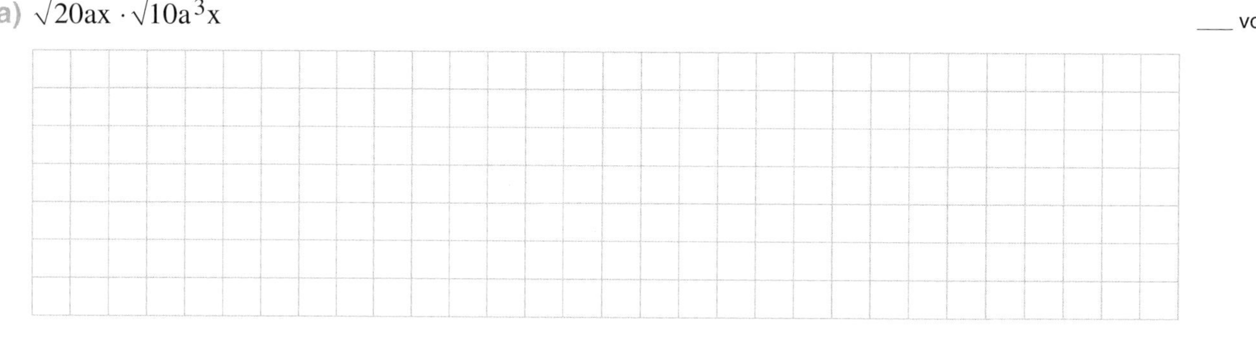

b) $(2\sqrt{5} + 4\sqrt{3} + 8\sqrt{5} - \sqrt{3}) \cdot \sqrt{15}$ ___ von 4

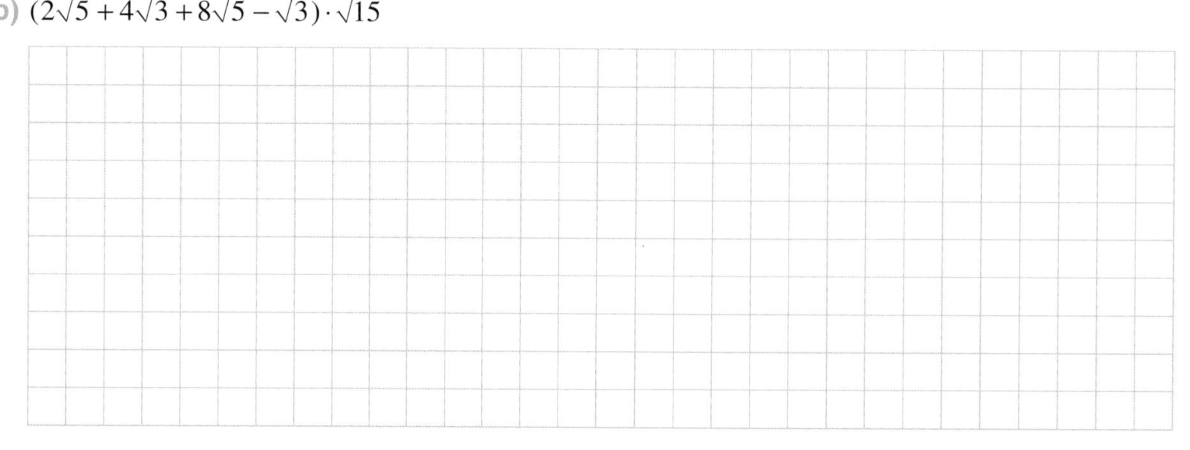

29

4. Die Raute ABCD besteht aus zwei kongruenten gleichseitigen Dreiecken.
Die Höhe der Raute beträgt 4 cm.

Berechne Umfang und Flächeninhalt der Raute.
Runde dabei auf eine Stelle nach dem Komma.

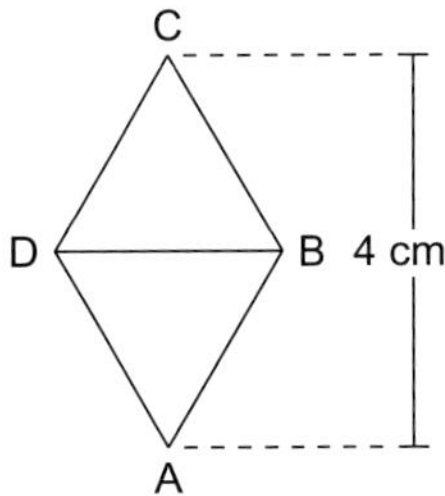

___ von 4

5. Das gleichschenklige Dreieck ABC ist die Grundfläche des geraden Prismas ABCDEF.
Der Punkt M ist der Mittelpunkt der Strecke $\overline{BC}$.
Es gilt:
$|\overline{AB}| = |\overline{AC}| = 5$ cm;
$|\overline{BC}| = 4$ cm;
$|\overline{AD}| = 3{,}5$ cm.
Berechne die Länge der Strecke $\overline{DM}$.
Runde dabei auf zwei Stellen nach dem Komma.

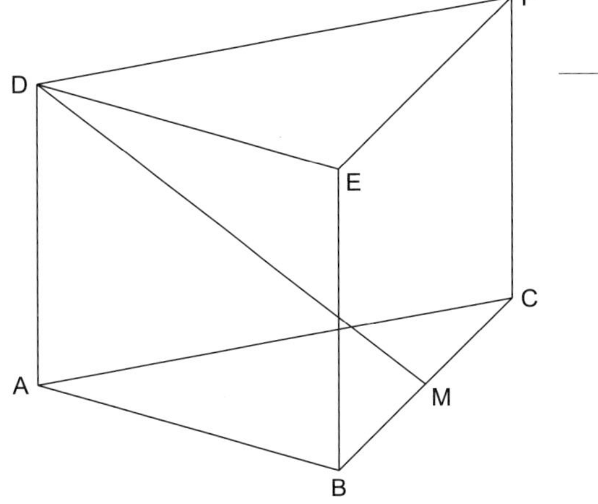

___ von 4

30 6. Gegeben ist eine Schar von Dreiecken ABC_n mit $A(-3|1)$, $B(4|-1)$, $C_n(x|4)$; $x \in \mathbb{R}$.

a) Zeichne das Dreieck ABC_1 für $x=-1{,}5$ sowie das Dreieck ABC_2 für $x=5{,}5$ in ein Koordinatensystem. ___ von 2

Für die Zeichnung: Längeneinheit 1 cm; $-4 \le x \le 6$; $-1 \le y \le 5$

b) Stelle die Streckenlängen $|\overline{AC_n}|$ und $|\overline{BC_n}|$ in Abhängigkeit von x dar. ___ von 5

Ergebnis: $|\overline{AC_n}| = \sqrt{x^2+6x+18}$ LE; $|\overline{BC_n}| = \sqrt{x^2-8x+41}$ LE

c) Das Dreieck ABC_3 ist gleichschenklig mit $\overline{AB}$ als Basis. ___ von 4

Berechne die Belegung für x auf zwei Stellen nach dem Komma gerundet.

Zeichne sodann das Dreieck ABC_3 in das Koordinatensystem.

Notenschlüssel

1	2	3	4	5	6
32–27,5	27–22,5	22–17,5	17–12,5	12–6,5	6–0

So lange habe ich gebraucht: ______________

So viele Punkte habe ich erreicht: ______________

Stegreifaufgabe 7

Inhalte: Kreis

Zeitbedarf: 20 Minuten

1. a) Ein Kreis hat die Fläche $81\pi\ \text{cm}^2$. Berechne seinen Durchmesser. ___ von 2

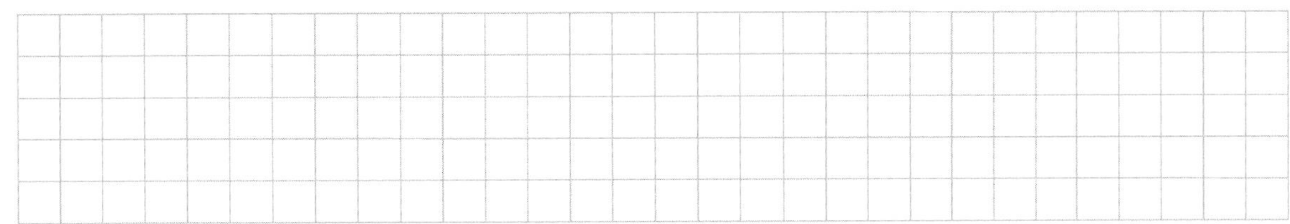

b) Ein Kreis hat den Umfang 20π cm. Berechne seinen Flächeninhalt. Runde auf zwei Stellen nach dem Komma. ___ von 2

2. In der rechts dargestellten Figur gilt:
$|\overline{MA}| = 3{,}6\ \text{cm}$; $|\overline{MB}| = 4{,}6\ \text{cm}$; $\alpha = 46°$.

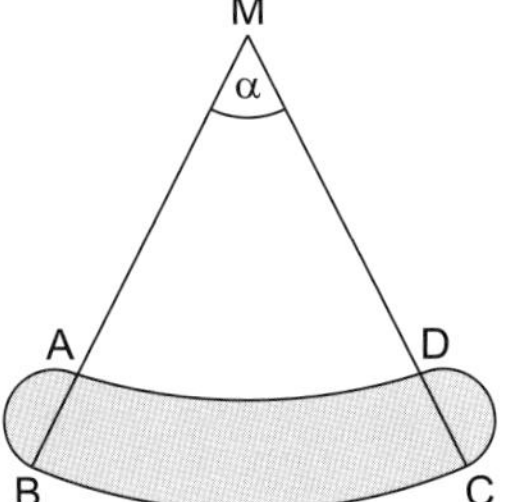

a) Berechne den Flächeninhalt der grau markierten Fläche. Runde dabei auf zwei Stellen nach dem Komma. ___ von 3,5

b) Berechne den Umfang der grau markierten Fläche. Runde dabei auf zwei Stellen nach dem Komma. ___ von 3,5

3. Robin möchte zum Bogenschießen eine Zielscheibe basteln. Der Kreis in der Mitte soll rot angemalt werden, dieser hat einen Radius von 10 cm. Dann folgen abwechselnd zwei weiße und zwei rote Kreisringe, von denen jeder 10 cm breit ist.
Damit die Farbe gut deckt, möchte Robin die roten Teile dreimal übermalen. Eine 100-$m\ell$-Dose reicht für eine Fläche von 1,2 m^2.
Überprüfe, ob eine Dose reicht.
Runde auf zwei Stellen nach dem Komma.

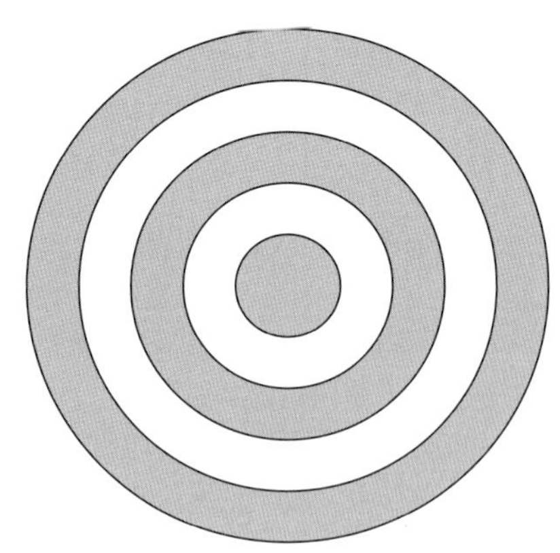

___ von 4

4. In der rechts dargestellten Figur gilt:
$|\overline{AC}| = |\overline{BC}| = |\overline{CD}| = 3\,\text{cm}$.
Berechne den Flächeninhalt des Segments.
Runde dabei auf zwei Stellen nach dem Komma.

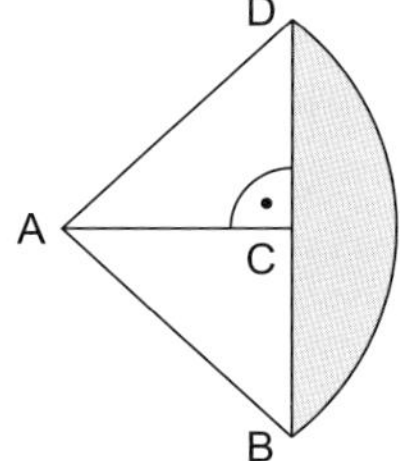

___ von 3

Notenschlüssel

1	2	3	4	5	6
18–15,5	15–12,5	12–9,5	9–6,5	6–3,5	3–0

So lange habe ich gebraucht: ____________

So viele Punkte habe ich erreicht: ____________

Stegreifaufgabe 8

Inhalte: Ereignisse, Wahrscheinlichkeiten

Zeitbedarf: 20 Minuten

1. In einem Gefäß befinden sich drei Kugeln mit einer aufgemalten „1“, drei Kugeln mit einer „2“, zwei Kugeln mit einer „3“, eine Kugel mit einer „4“ und eine Kugel mit einer „5“.
Es werden nacheinander zwei Kugeln gezogen, ohne dass die erste Kugel zurückgelegt wird.

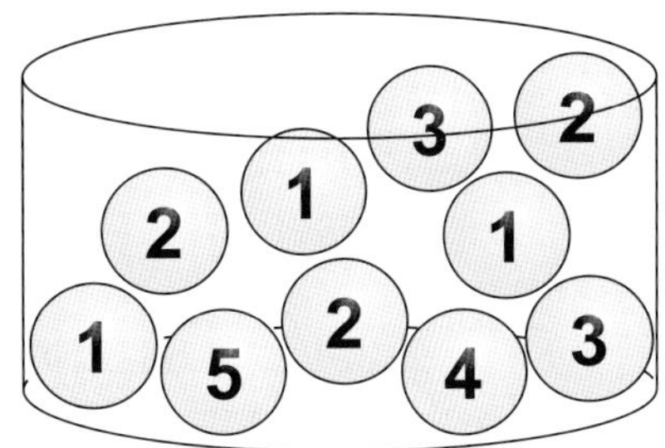

Gib alle möglichen Ergebnisse für folgende Ereignisse an.

a) *„Die Summe der Zahlen beträgt 7.“* ___ von 2

b) *„Das Produkt der beiden Zahlen ist größer als 9.“* ___ von 4

Beim nächsten Experiment werden zunächst alle Kugeln wieder zurückgelegt, anschließend wird nur eine Kugel entnommen.

c) Berechne die Wahrscheinlichkeit für das Ereignis *„Die gezogene Zahl ist kleiner als 3.“* ___ von 2

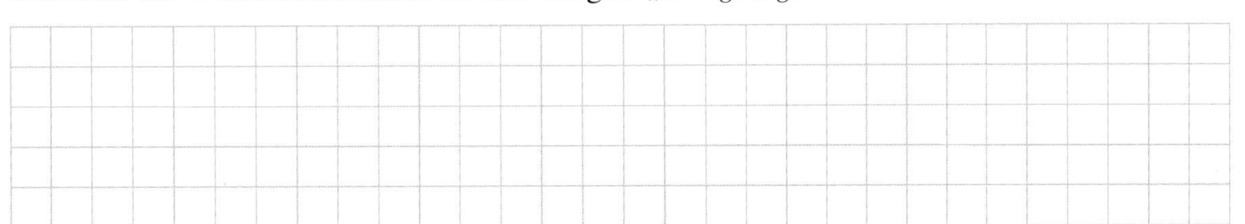

d) Formuliere das Gegenereignis zum Ereignis aus Teilaufgabe c in Worten und gib die Wahrscheinlichkeit für das Gegenereignis an. ___ von 2

2. Bei welchem Gefäß ist es wahrscheinlicher, eine dunkle Kugel zu ziehen, wenn du mit verbundenen Augen eine Kugel entnimmst?
Begründe deine Antwort.

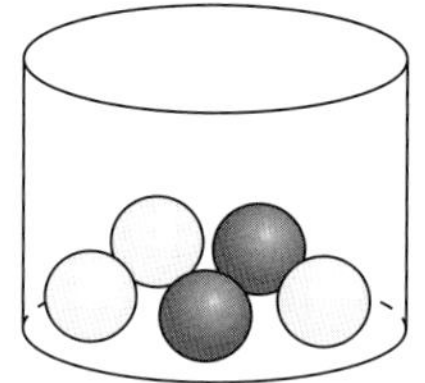
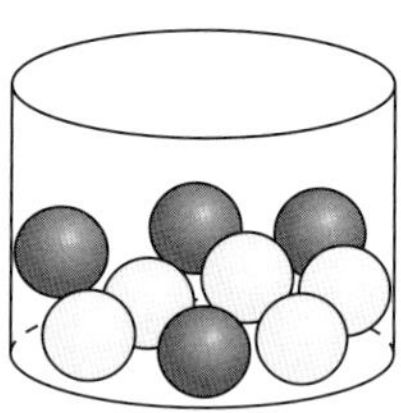

___ von 3

3. Begründe, welches der beiden Glücksräder ein Laplace-Zufallsgerät ist.

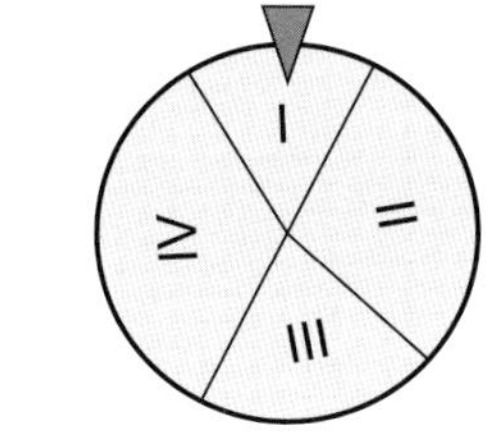

___ von 2

4. Das Glücksrad enthält Symbole mit Herzen, Sternen und Kreisen.
Es gilt:
P(Herz) = 0,25

$P(\text{Stern}) = \frac{1}{8}$

P(Kreis) = ?

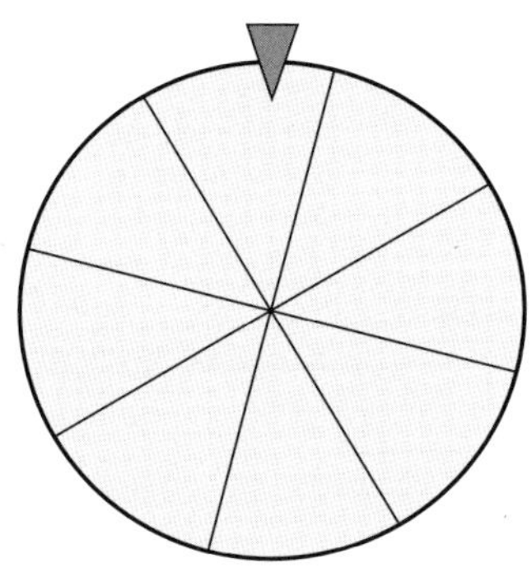

a) Zeichne in das abgebildete Glücksrad die richtige Anzahl an Herzen, Sternen und Kreisen ein. ___ von 2

b) Gib die Wahrscheinlichkeit dafür an, dass ein Kreis gedreht wird. ___ von 1

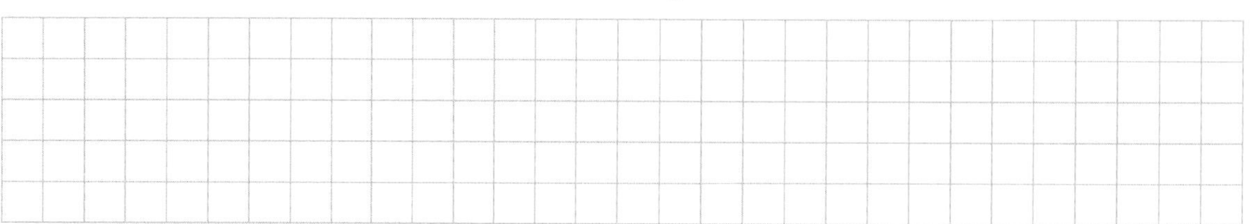

Notenschlüssel

1	2	3	4	5	6
18–15,5	15–12,5	12–9,5	9–6,5	6–3,5	3–0

So lange habe ich gebraucht: ____________

So viele Punkte habe ich erreicht: ____________

Schulaufgabe 7

Inhalte: Trigonometrie, Kreis, funktionale Abhängigkeiten

Zeitbedarf: 60 Minuten

1. Der Leuchtturm erscheint vom Schiff S_1 unter einem 32°-Winkel, vom Schiff S_2 unter einem 25°-Winkel.
Schiff S_1 ist vom Leuchtturm 62 m entfernt.

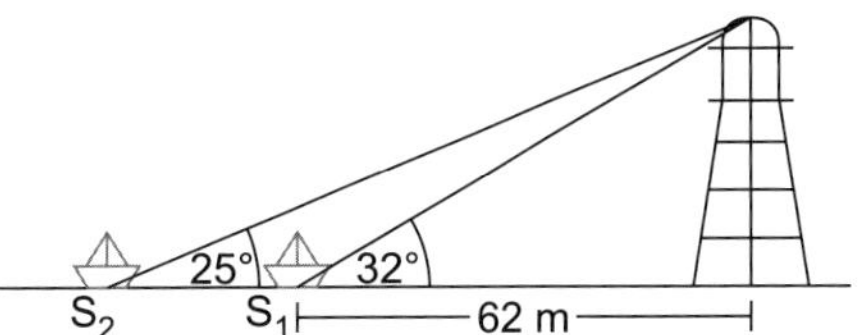

a) Berechne die Höhe h des Leuchtturms. Runde dabei auf eine Stelle nach dem Komma. ___ von 2

b) Berechne die Entfernung der beiden Schiffe. Runde auf eine Stelle nach dem Komma. ___ von 3

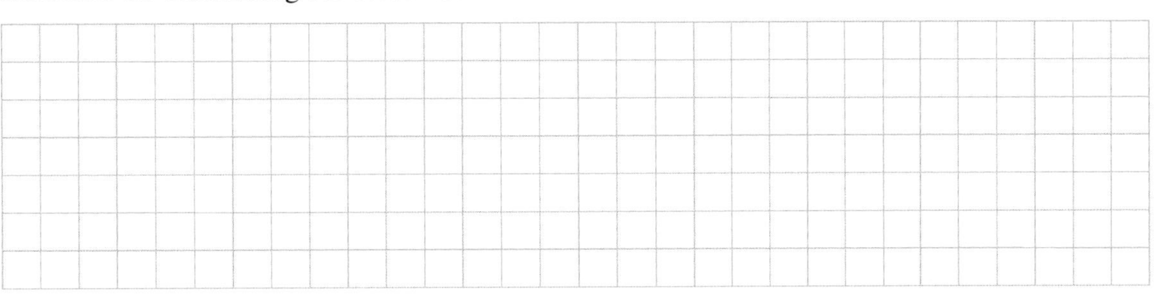

2. Für das abgebildete gleichschenklige Trapez gilt:
$|\overline{AB}| = 7{,}5$ cm, $|\overline{BD}| = 7$ cm; $\sphericalangle ADB = 90°$.

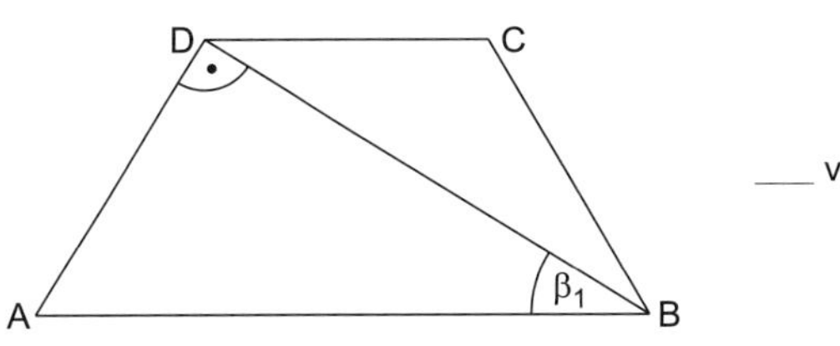

a) Berechne das Maß β_1 des Winkels DBA sowie die Länge der Strecke $\overline{AD}$.
Runde dabei auf zwei Stellen nach dem Komma.
(*Ergebnis:* $\beta_1 = 21{,}04°$) ___ von 3

b) Berechne die Länge der Strecke $\overline{DC}$. ___ von 5

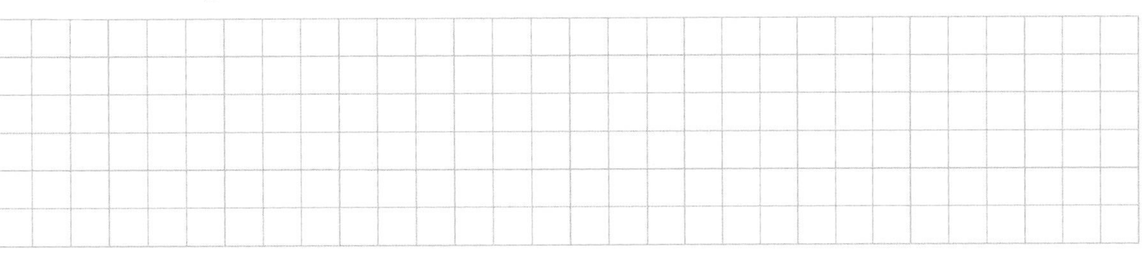

3. Für das abgebildete Drachenviereck gilt:
$|\overline{PS}| = 7{,}5\ \text{cm}$; $|\overline{MS}| = 3{,}2\ \text{cm}$; $\sphericalangle PSR = 78°$.

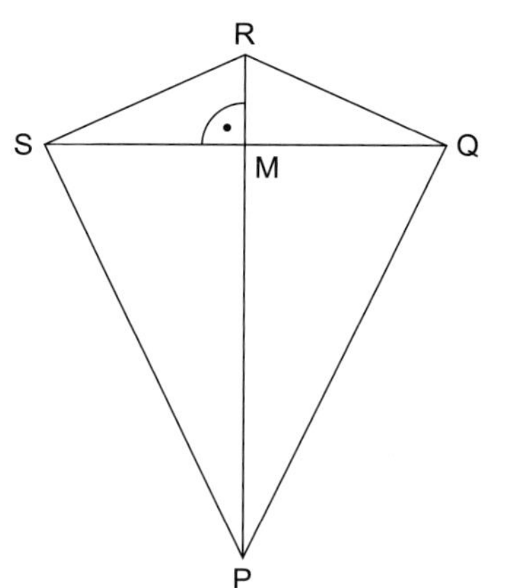

a) Berechne das Maß α des Winkels QPS.
Runde dabei auf zwei Stellen nach dem Komma.
(*Ergebnis:* $\alpha = 50{,}52°$) ___ von 2

b) Berechne die Länge der Strecke $\overline{MR}$. Runde dabei auf zwei Stellen nach dem Komma. ___ von 4

4. In der abgebildeten Figur berührt der Kreis um C die Diagonale $\overline{BD}$ des Quadrates ABCD und schneidet die Seite $\overline{BC}$ im Punkt F sowie die Seite $\overline{CD}$ im Punkt E.
Die Seitenlänge des Quadrats beträgt 5 cm.

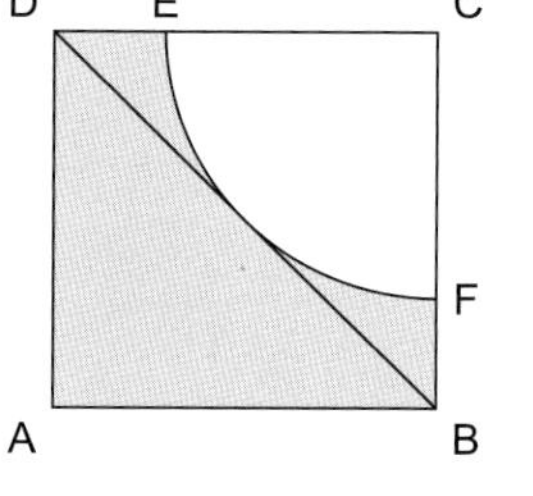

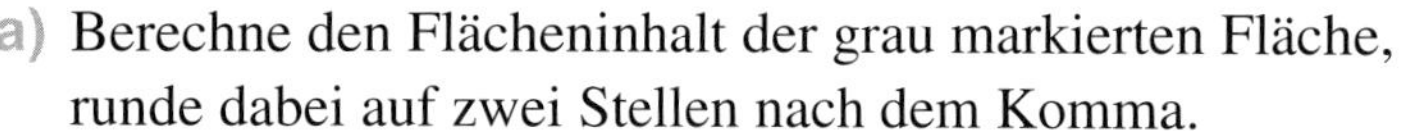

a) Berechne den Flächeninhalt der grau markierten Fläche, runde dabei auf zwei Stellen nach dem Komma. ___ von 3

b) Berechne den Umfang der grau markierten Fläche, runde dabei auf zwei Stellen nach dem Komma.

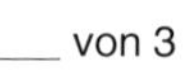
___ von 3

5. Gegeben ist eine Schar von Quadraten $AB_nC_nD_n$ mit $A(2|0)$. Die Punkte $D_n(x|3x-1)$ liegen auf der Geraden g mit der Gleichung $y = 3x - 1$ ($x \in \mathbb{R}$; $y \in \mathbb{R}$). 37

a) Zeichne die Gerade g, das Quadrat $AB_1C_1D_1$ für $x = 0$ sowie das Quadrat $AB_2C_2D_2$ für $x = 2{,}5$ in ein Koordinatensystem. ___ von 3

Für die Zeichnung: Längeneinheit 1 cm; $-2 \leq x \leq 10$; $-2 \leq y \leq 7$

b) Zeige, dass für die Länge der Strecke $\overline{AD_n}$ in Abhängigkeit von x gilt: ___ von 4

$|\overline{AD_n}| = \sqrt{10x^2 - 10x + 5}$ LE.

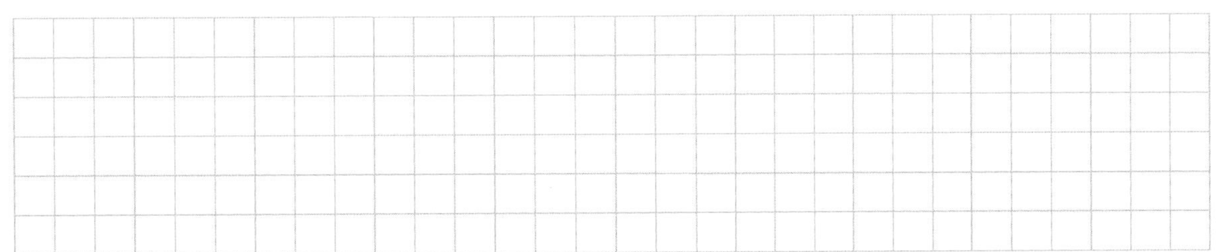

c) Gib den Flächeninhalt A(x) in Abhängigkeit von x an und bestimme sodann rechnerisch die Belegung für x, für die A(x) minimal wird. Gib den minimalen Flächeninhalt an. ___ von 4

Notenschlüssel

1	2	3	4	5	6
36–30,5	30–24,5	24–18,5	18–12,5	12–6,5	6–0

So lange habe ich gebraucht: ____________

So viele Punkte habe ich erreicht: ____________

Schulaufgabe 8

Inhalte: Trigonometrie in der Ebene und im Raum, Kreis

Zeitbedarf: 60 Minuten

1. Für das abgebildete Trapez gilt:
$|\overline{AD}| = 6{,}8\,\text{cm}$; $|\overline{CD}| = 4{,}5\,\text{cm}$; $\sphericalangle DCB = 125°$.

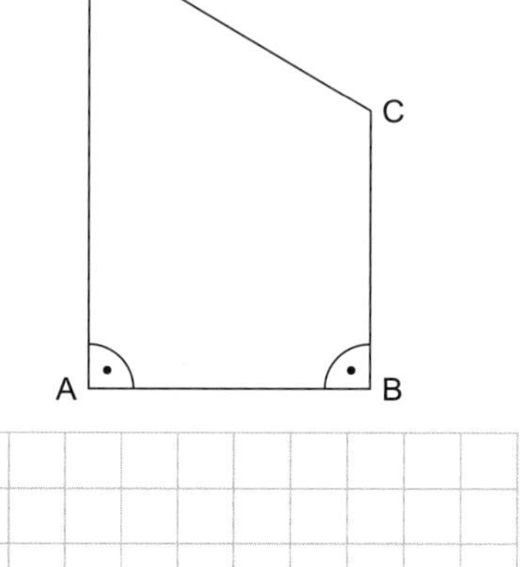

a) Berechne die Länge der Strecke $\overline{BC}$.
Runde dabei auf zwei Stellen nach dem Komma.
(*Ergebnis:* $|\overline{BC}| = 4{,}22\,\text{cm}$) ___ von 4

b) Berechne den Flächeninhalt des Trapezes ABCD auf zwei Stellen nach dem Komma gerundet. ___ von 4

2. Für das abgebildete Drachenviereck PQRS gilt:
$|\overline{MS}| = |\overline{MQ}| = 3{,}2\,\text{cm}$; $|\overline{MR}| = 6\,\text{cm}$; $\sphericalangle MPS = 42°$.

a) Berechne das Maß γ des Winkels SRQ auf zwei Stellen nach nach dem Komma genau. ___ von 3

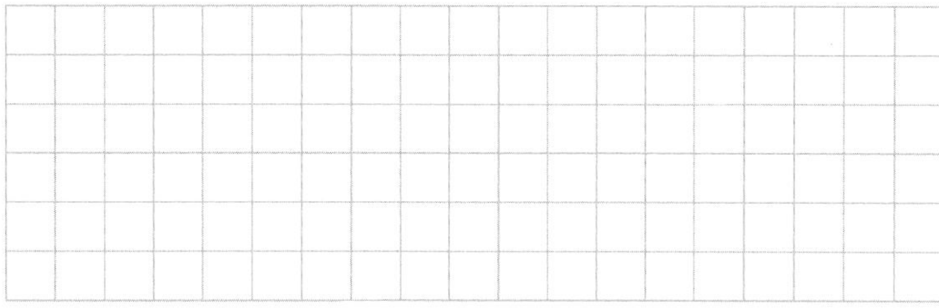

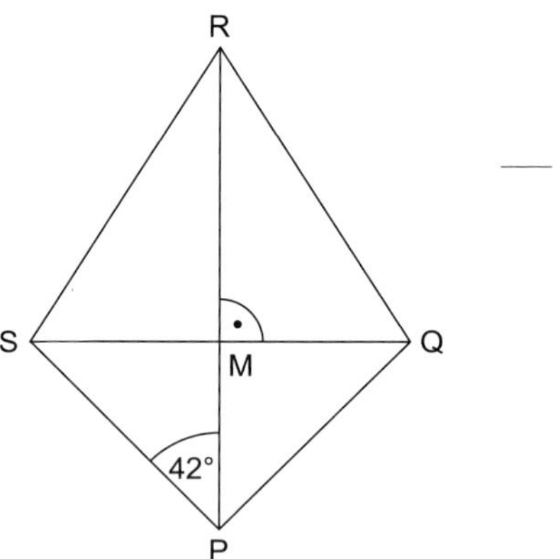

b) Berechne den Flächeninhalt des Drachenvierecks. Runde dabei auf zwei Stellen nach dem Komma. ___ von 4

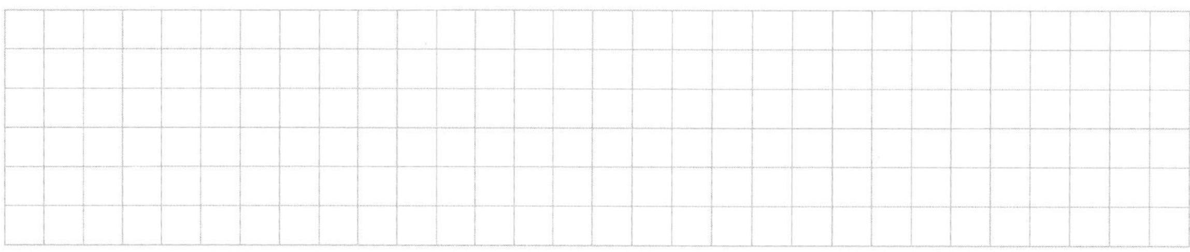

3. Im Quader ABCDEFGH gilt:
$|\overline{AB}| = 6\,\text{cm}$; $|\overline{BC}| = 4\,\text{cm}$; $|\overline{AE}| = 3\,\text{cm}$.

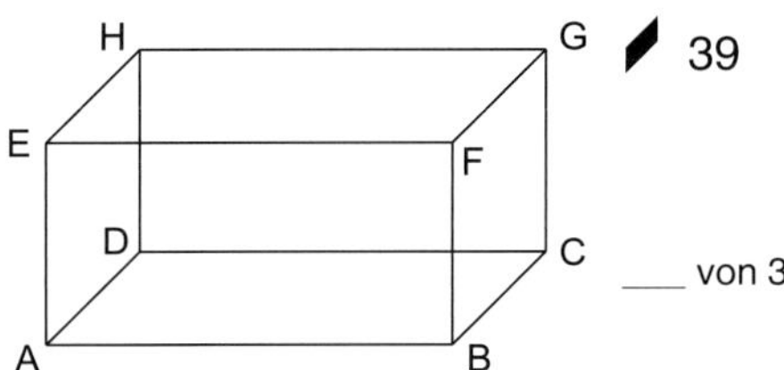

a) Berechne die Länge der Strecke $\overline{BG}$ sowie das Maß α des Winkels AGB auf zwei Stellen nach dem Komma. ___ von 3

b) Berechne die Länge der Strecke $\overline{AG}$ sowie das Maß β des Winkels HGA auf zwei Stellen nach dem Komma. ___ von 3

4. Das gleichschenklige Dreieck PQR ist die Grundfläche der Pyramide PQRS. Die Spitze S befindet sich senkrecht über dem Mittelpunkt T der Strecke $\overline{PR}$.
Es gilt:
$|\overline{TQ}| = 7\,\text{cm}$; $|\overline{SQ}| = 8\,\text{cm}$; $|\overline{PR}| = 4\,\text{cm}$.

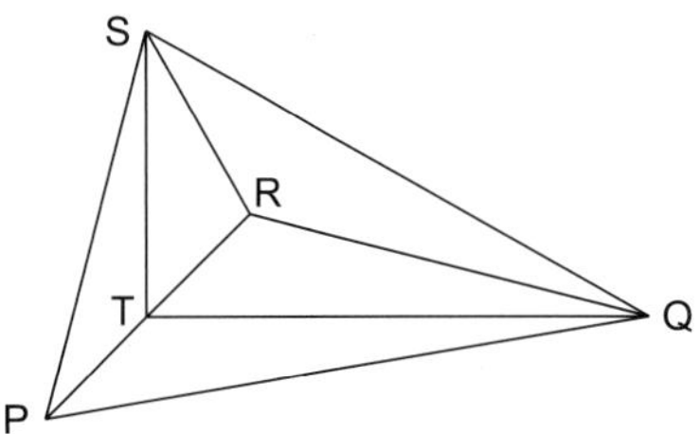

a) Berechne die Pyramidenhöhe $|\overline{TS}|$ sowie das Maß ε des Winkels TPS auf zwei Stellen nach dem Komma. ___ von 3

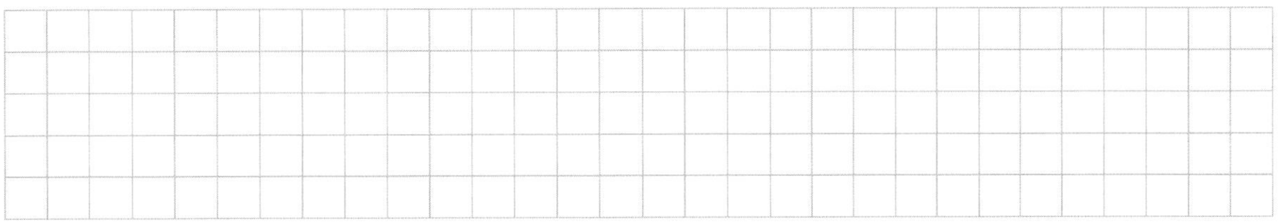

b) Berechne das Maß φ des Winkels SQT auf zwei Stellen nach dem Komma genau. ___ von 2

c) Zeichne das Lot vom Punkt T auf $\overline{SQ}$ in die obige Zeichnung ein. Benenne den Lotfußpunkt mit F. ___ von 1

d) Berechne die Länge der Strecke $\overline{TF}$ auf zwei Stellen hinter dem Komma genau. ___ von 3

5. Ein Kreis hat die Fläche 2 826 cm². Berechne seinen Durchmesser und seinen Umfang. Runde dabei auf eine Stelle nach dem Komma. ___ von 3

6. Das gleichschenklige Dreieck ABM_3 hat die Schenkellänge $|\overline{AM_3}| = |\overline{BM_3}| = 4{,}8$ cm und das Winkelmaß $\sphericalangle AM_3B = 50°$. Die Punkte M_1 und M_2 halbieren die Dreiecksseiten $\overline{AM_3}$ und $\overline{BM_3}$. Die Punkte M_1, M_2 und M_3 sind die Mittelpunkte der entsprechenden Kreisbögen (siehe Skizze). Berechne den Flächeninhalt der grau markierten Figur. Runde dabei auf zwei Stellen nach dem Komma. ___ von 3

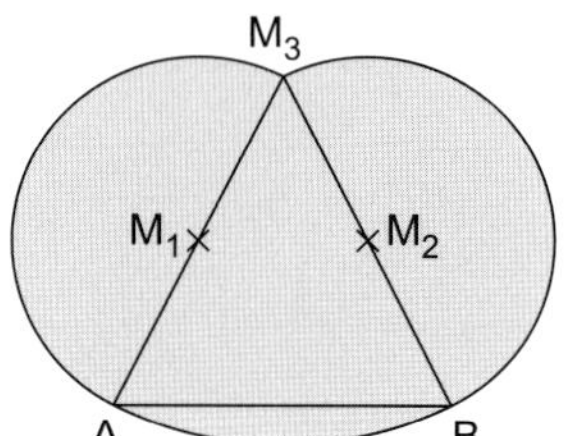

7. In der Figur rechts gilt: P ist der Mittelpunkt des Kreisbogens, $|\overline{PQ}| = 3$ cm und $\overline{PQ} \perp \overline{PR}$. Berechne Flächeninhalt und Umfang der grau markierten Figur auf zwei Stellen nach dem Komma. ___ von 4

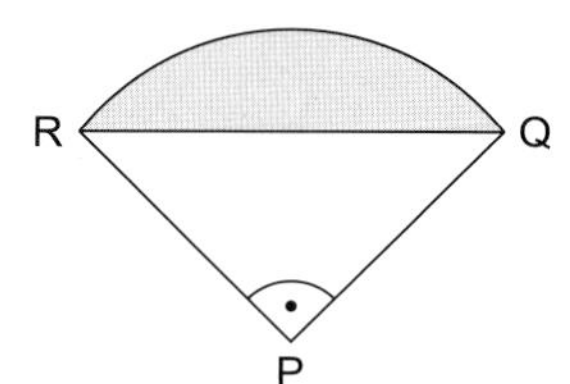

Notenschlüssel

1	2	3	4	5	6
40–34,5	34–28,5	28–22,5	22–16,5	16–8,5	8–0

So lange habe ich gebraucht: ____________

So viele Punkte habe ich erreicht: ____________